www.tredition.de

Patricia Stutz

Das Federwolken-Prinzip

AF203029

Ein bisschen mehr Ruhe, Gelassenheit und Ausgeglichenheit wünschen wir uns im hektischen Alltag öfters mal! Atemtechniken, Imaginationsübungen, Autogenes Training und Meditation haben mich nicht nur im Umgang mit meiner MS (Multiple Sklerose), sondern ganz allgemein im Leben weitergebracht! Wichtig ist mir, dass die Verfahren, die ich anwende und weitervermittle, seriös, alltagstauglich, leicht und ideologisch entstaubt sind.

Patricia Stutz, 1965, verheiratet. Selbständig tätig als Coach in Solothurn.

Ich widme das Buch meinem Ehemann, der nicht lockergelassen hat, bis ich es geschrieben habe und mich zu jeder Zeit liebevoll unterstützt und ermutigt!

Patricia Stutz

Das Federwolken-Prinzip

Mein entspannter Umgang mit MS und anderen Kapriolen des Lebens

www.tredition.de

Impressum:

Das Federwolken-Prinzip - Mein entspannter Umgang mit MS und anderen Kapriolen des Lebens

2021 Copyright by Patricia Stutz

EntspannungsAtelier, Solothurn, Schweiz

www.entspannungsatelier.ch

1. Auflage 2021

Texte: © Copyright by Patricia Stutz

Umschlaggestaltung: © Copyright by Patricia Stutz

Verlag und Druck: tredition GmbH, Halenreie 40-44, 22359 Hamburg

ISBN
Paperback: 978-3-347-23370-6
e-Book: 978-3-347-23372-0

Inhaltsverzeichnis

VORWORT

„Jetzt entspann dich doch mal!" Das kann ja nicht so schwierig sein, oder? Und gut gemeinte Selbsthilfebücher gibt es zu dem Thema auch schon mehr als genug. Und was soll denn an „Esoterik" bitte sehr so falsch sein? Schliesslich gibt es bekanntermassen „mehr Ding' im Himmel und auf Erden, als Eure Schulweisheit sich träumt, Horatio"[i] und solche Praktiken sind so salonfähig und massentauglich geworden, dass homöopathische Kügelchen fast in keinem Haushalt fehlen und das tägliche Horoskop im Radio zum festen Programm gehört. Es liegt mir fern, darüber einen Glaubenskrieg zu entfachen, es soll jeder nach seiner Façon selig werden.

Mir geht es bei diesem persönlichen „Entspannungsbuch" darum, Ihnen einfache, effektive und alltagstaugliche Methoden näherzubringen, die ich selber anwende. Einen Einblick zu geben in erprobte und anerkannte Verfahren, die mich heilsam unterstützen - auch in meiner „Eigenschaft" als MS-Betroffene.[ii] Hilfreiche Erkenntnisse und mentale Haltungen zu teilen, die mir helfen, mit den Herausforderungen und Rätseln des Lebens leichter umzugehen. Unabhängig und losgelöst von weltanschaulichen Überzeugungen, religiösen Standpunkten oder ideologischer Gesinnung. Aber nein, als Selbsthilfe-Buch bezeichne ich es nicht, denn das würde ja voraussetzen, dass ich weiss, was richtig und gut ist und was nicht, und Ihnen sage, was Sie zu tun oder zu lassen haben. Das ist nicht mein Ziel, denn ich bin davon überzeugt, dass wir unsere individuellen Antworten in uns selber finden müssen. Dazu kann das Buch Ihnen Anregungen geben und einen Anstoss, entspannt Ihren eigenen Weg zu gehen! Auf welchem Weg Sie auch immer gerade sind, Sie finden Ihre Antworten und Lösungen leichter in Ruhe und Ausgeglichenheit.

Der Zusammenhang und die wechselseitige Beeinflussung von Gehirn, Nerven- und Immunsystem (Psychoneuroimmunologie) interessieren mich sehr. Wie Selbstheilungsprozesse im Körper ablaufen, finde ich faszinierend, und allgemein behalte ich einen offenen Geist!

Ein gesamtheitlicher Ansatz ist mir sehr wichtig, aber kuriosen Hokuspokus, weltfremde Ideen und zweifelhafte, im schlimmsten Fall sogar gefährliche Praktiken mag ich gar nicht. Dass die heilsame Wirkung der Vorstellungskraft, positive Erwartungshaltungen und die allgemeine Sehnsucht nach Sanftheit, Natürlichkeit und Menschlichkeit oft von irgendwelchen Scharlatanen, sogenannten geistigen Heilerinnen oder selbsternannten Gurus miss-braucht werden, ist mir mehr als ein Dorn im Auge! Ent-spannung, Wellness und Esoterik vermischen sich teil-weise, wobei das natürlich immer Definitionsfragen[iii] sind. Es ist mir aber ein Anliegen, den Knäuel wenigstens ein bisschen zu entwirren und mich von Auswüchsen zu dis-tanzieren. Womöglich dienen Ihnen meine Ausführungen auch, wenn Sie ein Coaching in Anspruch nehmen oder eine Entspannungstechnik erlernen und praktizieren möchten.

Nun sind Entspannungstechniken Ihnen möglicherweise noch fremd und in meditativer Entspannung „achtsam nach innen zu schauen" eine eher ungewohnte Vorstel-lung. Sie überlegen zwar hin und wieder, ob Ihnen so et-was vielleicht guttun könnte, doch der Gedanke ist nach wie vor seltsam? Tönt etwas suspekt in Ihren Ohren und lässt Bilder von komisch gewandeten Menschen in unbe-quemen Schneidersitz-Positionen, umweht von Räucher-stäbchen-Duft, in Ihnen auftauchen? Das muss nicht so sein!

Machen Sie sich mit dieser einfachen und nützlichen Ein-führung mit dem Thema vertraut! Es gibt kein Zaubermit-tel, welches alle Probleme der Welt lösen kann, aber in-nerliche Ruhe und Ausgeglichenheit kommen der Sache schon recht nahe. Entspannung und Achtsamkeit sind hilfreich im Leben und nicht nur eine im Trend liegende Unterstützung für die vielzitierten, hochgestressten Manager oder eine Freizeitbeschäftigung für alternativ Angehauchte. Die Bandbreite geht weit über diese Klischees hinaus; Entspannungstechniken können uns allen, die wir uns eher in der Mitte bewegen und einen „normalen" Alltag (oder eher den ganz „normalen Wahnsinn"?) leben, gute Dienste leisten.

Und was hat das nun mit Federwolken zu tun?

Federwolken sind die höchsten Wolken am Himmel. Sie werden auch Cirren oder Cirruswolken genannt (lat. cirrus = „Haarlocke", „Franse"). Sie erscheinen als leuchtend weisse, zarte Fäden oder schmale Bänder mit einem seidigen Schimmer, deren Ränder meist durch Höhenwinde ausgefranst sind. Cirren sind keine eindeutigen Wetter-vorboten, sie können entgegen landläufiger Meinung so-wohl schönes als auch schlechtes Wetter bringen. Sie kündigen oftmals ein Tiefdruckgebiet mit Niederschlag an, können die letzten Überreste eines Gewitters sein oder als Schönwettercirren bei ausgesprochen stabilen Wetterlagen auftreten. Federwolken sind wunderschön und wir wissen nicht, was sie uns bringen. So wie wir nicht wissen, was uns das Leben bringt. Wir können überschäumend glücklich oder echt zufrieden sein und im nächsten Augenblick bricht dann ein heftiges Lebensgewitter über uns herein - von daher gefällt mir die Symbolik und ich finde, sie passt gut in diesen Zusammenhang.

Wir haben über viele Dinge im Leben keine Kontrolle. Je besser wir dies annehmen können, desto entspannter können wir mit dem Alltag umgehen. Worüber wir aber immer die Kontrolle haben, ist der Umgang mit unseren Gefühlen und Gedanken, unseren Haltungen und Handlungen! Es freut mich, wenn dieses Buch Ihnen darin eine Unterstützung sein kann.

„Auch eine Reise von tausend Meilen beginnt mit dem ersten Schritt."
(Chinesisches Sprichwort)

1. WARUM ECHTE ENTSPANNUNG SO WICHTIG IST

Entspannung - ist ja gut und recht. Wer die Zeit dazu hat und es sich leisten kann. Überhaupt, zum Entspannen braucht es doch keine Anleitung! Ob wir gemütlich auf dem Sofa lümmeln, eine Sportübertragung oder Lieblingsserie anschauen, schöne Musik hören, mit der Kollegin in die Stadt einkaufen gehen, uns ein exklusives Glas Wein oder eine Spa-Anwendung gönnen, wir wissen doch, was uns guttut, und gönnen uns das regelmässig. Oder ist es etwa doch nicht so einfach?

Und welche Dinge sind es denn wirklich, die uns guttun und entspannen? Vielleicht stresst es uns eher, heute noch etwas zu unternehmen, einen Ladenbummel zu machen oder auswärts essen zu gehen, weil wir die Zeit insgeheim lieber für uns haben möchten. Können wir uns die Netflix-Stunde(n) wirklich lustvoll gönnen, wenn wir sie doch auch produktiver oder sinnvoller einsetzen könnten? Dürfen und können wir das Nichtstun geniessen? Und wie fühlen wir uns dabei und danach? Sind wir auch wirklich entspannt, wohlig zufrieden, ruhig und gelassen? Sie haben es höchstwahrscheinlich in irgendeiner Form schon gehört: Wir reagieren auf eine Gefahr oder eine Bedrohung immer noch im Urzeit-Modus. Stresshormone werden freigesetzt, unser Körper schaltet blitzartig in einen

Mobilmachungsprozess und greift auf alle Reserven zu. Alle verfügbaren Energien in Gehirn und Muskeln werden aktiviert, alle Systeme hochgefahren, Blutdruck, Puls, Atemfrequenz steigen; die Verdauungsarbeit hingegen wird beispielsweise eingestellt, weil diese Körperfunktion in einer solchen Lage keine Priorität hat. Und so sind wir innerhalb kürzester Zeit „flucht- oder kampfbereit"! Wir können nun die nötige Leistung erbringen, die in der jeweiligen Situation gefordert ist, reagieren blitzschnell und impulsiv, sind hellwach, aktiviert und höchst präsent. Auch wenn wir uns schon lange nicht mehr gegen wilde Tiere verteidigen müssen, sind diese tief verankerten Mechanismen grundsätzlich eine gute und nützliche Sache!

Die Stressforschung beschreibt neben dem „Flucht- oder Kampfmodus" den Reflex des „Erstarrens" als weitere mögliche Reaktion auf eine Bedrohung. Diese Stressreaktion ist weniger bekannt als die Kampf- oder Fluchtvariante und gerade Opfer von sexuellen Übergriffen machen sich später häufig Vorwürfe, dass sie in Panik erstarrt waren und sich nicht wehren konnten. Wenn aber in realen Gefahrensituationen weder Kampf noch Flucht möglich sind, kann es lebensrettend sein, sich „tot zu stellen"! Im Alltag kann sich dieser Instinkt in einer hoffnungslos scheinenden Situation auch als Resignation und Apathie äussern.

Die Stressmechanismen[iv] des Körpers werden aber nicht nur in akuten Gefahrensituationen aktiviert, sondern immer auch dann, wenn uns die Arbeit über den Kopf wächst, wir um unsere Stelle fürchten müssen, von Versagensängsten geplagt werden, in einer unglücklichen Beziehung verharren, uns über „die da oben" ärgern, im Alltag frustriert oder in unseren Gefühlen gekränkt sind. Wenn der Druck, der auf uns lastet, einfach zu gross wird und wir mit unserem Leben unglücklich und unzufrieden sind. Dieses „Herauffahren" des Systems verliert dann seinen eigentlichen Sinn, und dass die Auswirkungen dieser Dauerstress-Reaktionen unserem Körper schaden können, liegt auf der Hand und ist vielseitig belegt.[v] Wenig überraschend werden im Stressmodus übrigens auch Lust und das Bedürfnis nach Sexualität gehemmt.

Wenn dieser Zustand kurzzeitig ist, kann unser Körper die Auswirkungen gut auffangen, aber chronischer Stress kann sich negativ auf unsere Abwehrkräfte und unsere Gesundheit auswirken! Beschwerden wie Schlafstörungen, Magenprobleme, Bluthochdruck, Kopfschmerzen und vieles mehr können die Folge davon sein und sich zu noch ernsteren Problemen und Krankheiten entwickeln. Unter (Dauer-)Stress spannen sich auch die Muskeln an, was mit der Zeit das umliegende Gewebe verändern und Schmerzen und Erschöpfung verursachen kann. [vi]

Schmerzzustände wiederum wirken sich auf die Gefühlslage aus und eine sorgenvolle, ängstliche, pessimistische Haltung kann den inneren Stress verstärken. Ein Teufelskreis.

Zudem verlieren wir im Stressmodus immer mehr unsere Fähigkeit, überlegt zu handeln, angemessen und besonnen auf verschiedene Situationen zu reagieren und gute Entscheidungen zu treffen! Die Aktivitäten des „Angstzentrums" im Gehirn (Amygdala) wirken sich auf die Funktionen des Stirn- oder Frontallappens (präfrontaler Cortex) aus, der für die Kontrolle der Emotionen wichtig ist. Er ermöglicht uns, logisch zu denken und unsere Impulse und Reaktionen zu steuern. Chronischer Stress kann diese Hirnregion so verändern, dass es immer schwieriger wird, sinnvolle, differenzierte Entscheidungen zu treffen![vii]

Unter grossem Druck und Stress reagieren wir impulsiv und denken nicht mehr über unsere Handlungen nach! Wenn bei akuter Gefahr und Bedrohung keine Zeit zum Überlegen bleibt, kann das nicht nur nützlich, sondern sogar überlebenswichtig sein! In Ermangelung angriffslustiger, wilder Tiere in unseren Breitengraden, stellen Sie sich nur einmal vor, Sie überqueren einen Fussgängerstreifen und ein Lastwagen rast plötzlich auf Sie zu. Es würde sich nicht empfehlen, zuerst zu analysieren, ob der Fahrer Sie gesehen hat oder wie lange der Bremsweg sein könnte, nein, Sie retten sich im besten Fall mit einem schnellen Sprung zur Seite!

Als Dauerzustand hingegen ist reaktives, impulsives Handeln wenig hilfreich und Stress eskaliert im schlimmsten Fall gewalttätig, wenn wir Wut und Ärger ungefiltert und hochemotional an jemandem auslassen! Stress führt zu noch mehr Stress!

Haben Sie im Fitnesscenter oder Freibad auch schon diese Muskelprotze mit überentwickeltem Oberkörper und unglaublicher Armmuskulatur auf dünnen Beinchen umherstolzieren sehen? Bei körperlichem Training entwickeln sich die Muskelgruppen, die häufiger benutzt und trainiert werden, zu eindrücklichen Dimensionen; was hingegen vernachlässigt wird, verkümmert mit der Zeit! So ähnlich können sich auch viel beziehungsweise wenig benutzte Hirnregionen verhalten. Neue Erfahrungen und Eindrücke lassen neue Verbindungen entstehen, während sich ungenutzte Pfade abschwächen. [viii] Das ermöglicht Lernprozesse, und zwar das ganze Leben lang! Früher nahm man eher an, dass man im höheren Alter nicht mehr fähig sei, Neues zu lernen. „Was Hänschen nicht lernt, lernt Hans nimmermehr", dem ist aber nicht so! Die Fähigkeit des Gehirns, sich zu verändern (Neuroplastizität), funktioniert glücklicherweise lebenslang und in die gewünschte Richtung, das heisst, wir können (z. B. mithilfe von Entspannungstechniken) dem Angstzentrum weniger Dominanz zugestehen und dadurch vermehrt entspannte, gute Entscheidungen für unser Leben treffen!

Was „stresst" Sie denn in Ihrem Leben im Moment am meisten?

(Nachtrag: Als ich mit diesem Buch angefangen habe, war „Corona" bei uns noch kein Thema. Heute vermute ich, dass es auf der „Hitliste" weit oben steht!)

Ein bewusster und aktiver Umgang mit Stress und Stressfaktoren ist nicht nur darum sinnvoll, weil wir uns sonst im schlimmstmöglichen Szenario am Arbeitsplatz oder in der Familie die Köpfe einschlagen würden. Mit Entspannungstechniken in die innere Ruhe zu kommen kann bei verschiedenen Herausforderungen und Situationen unterstützend wirken und dazu beitragen:

- chronische Schmerzen zu lindern[ix]

- kreative Prozesse in Gang zu setzen

- Lösungen zu finden

- Ziele zu erreichen

- effizienter zu lernen

- in Prüfungssituationen einen kühlen Kopf zu bewahren

- zu erkennen, was der Körper braucht

- sein Wohlfühlgewicht zu erreichen

- besser zu schlafen

- Selbstbewusstsein zu entwickeln

Nicht zuletzt kann sich Entspannung positiv auf das Immunsystem auswirken.[x]

Ich sehe Entspannung auch als Mittel und Möglichkeit um in mich hineinzuhorchen, Körper und Geist in Einklang zu bringen, mit mir ins Reine zu kommen und Selbst- und Lebenserkenntnisse zu gewinnen. Das tönt nun doch „spirituell" und ich muss spätestens an dieser Stelle anmerken, dass ich Spiritualität oder Religiosität per se und die Suche und den Wunsch nach etwas „Höherem" nicht für eine schlechte Sache halte, sondern im Gegenteil für etwas Gutes, Schönes und auch Interessantes. Genau deswegen richte ich mich nicht nach irgendwelchen abstrusen Lehren.

Herauszufinden, was mir wirklich guttut und was ich im Grunde brauche in meinem Leben, war und ist für mich wichtig! Es geht bei Entspannungstechniken nicht darum, unangenehme Empfindungen einfach „wegzutrainieren" oder „wegzumeditieren", die Realität zu leugnen, schädliche Situationen und Umstände klaglos und gleichgültig zu tolerieren oder sich immer weiter über seine Leistungsgrenzen hinaus zu pushen! Und es kann schon gar nicht das Ziel sein, „Selbstoptimierung" durch Entspannung und Meditation sogar zu einem Wettkampf werden zu lassen, der im schlimmsten Fall zu Selbstüberschätzung und Überheblichkeit führt! Ganz im Gegenteil, indem ich meine Körperempfindungen, Gedanken und Gefühle bewusster wahrnehme, annehme und reflektiere, komme ich auch meinen wahren Bedürfnissen näher und kann notwendige Veränderungen im Leben zielgerichtet und aktiv angehen!

Entwicklungen brauchen aber ihre Zeit und wir haben alle immer wieder Phasen von höherer Belastung zu meistern. Auf unserem Lebensweg brauchen wir gelegentlich eine Soforthilfe im Alltag. Da leisten entspannende Verfahren gute Dienste und ideal ist es, diese schon präventiv zu erlernen und anzuwenden. Da wir uns aber bekanntermassen nicht immer vorbildlich und vernünftig verhalten, ist es glücklicherweise nie zu spät, mit einer Entspannungstechnik anzufangen, und erste Veränderungen sind in kurzer Zeit möglich.

Aber Stress gehört nun mal zum Leben, oder? Wer hat schon keinen? Vielleicht ein dauermeditierender Mönch, weitab des modernen Daseins, aber wir alle, die wir mitten im Leben stehen, können uns dem doch kaum entziehen! Und es gibt ja auch positiven Stress. Es kann sehr auf- und anregend sein, wenn das System so hochfährt, und es fühlt sich fantastisch an, persönliche, berufliche oder sportliche Höchstleistungen zu erbringen! Und wenn dann noch Glückshormone dazukommen. Wow!

Ob wir Stressfaktoren als positiv oder negativ bewerten, uns freiwillig in die Situation begeben haben, uns der Situation gewachsen fühlen und über Bewältigungsstrategien verfügen und nicht zuletzt wie lange der Stress anhält, sind die Kriterien, ob der Stress für unseren Organismus positiv oder negativ ist. Ein furchtbar langer und theoretischer Satz, was bedeutet das denn nun konkret?

Wenn sich jemand aus freiem Willen und freudig die Besteigung der Eigernordwand zum Ziel setzt, sich diesem abenteuerlichen Vorhaben dank guter Vorbereitung, hervorragender körperlicher und mentaler Kondition und alpiner Kenntnisse gewachsen fühlt und danach dem Körper die nötige Erholungszeit gönnt - alles im grünen Bereich! Der Organismus dieser Person kann mit diesem Ereignis gut umgehen, schüttet sogar Glückshormone aus und es schadet ihm oder ihr (von ein paar abgefrorenen Zehen mal abgesehen) nicht. Für diese Person ist ein solches Ereignis positiver Stress (Eustress)!

Der Zustand des Verliebtseins ist auch ein gutes Beispiel für positiven Stress und wahrscheinlich näherliegend! Das Herz schlägt uns bis zum Halse, die Pupillen sind geweitet, der Puls rast, wir fühlen die berühmten Schmetterlinge im Bauch, aber niemand würde diese Anspannung wohl als negativ bewerten! Guter, positiver Stress macht nicht krank!

Um ein weiteres Beispiel zu nennen: Es muss sich gesundheitlich nicht schädlich auswirken, wenn wir uns mit Freude und Begeisterung dem Aufbau unseres Start-ups widmen, hinter dem wir mit all unserer Überzeugung und unseren Werten stehen, dafür ein finanzielles Risiko in Kauf nehmen, viel und lange und auch am Wochenende noch durcharbeiten. Solange wir einen gewissen Zeithorizont haben und wissen, wie wir immer wieder neue Kraft tanken und uns erholen können, ist es durchaus möglich, solche Phasen bestens zu bewältigen! Im Gegensatz dazu kann ein sicherer, geregelter 8-Stunden-Arbeitstag in einem negativen, fremdbestimmten Arbeitsumfeld möglicherweise mehr Stress verursachen. Chronischer, negativ erlebter Stress kann schaden und Beispiele für schlechten Stress (Distress) finden sich im Alltag mehr als genug!

Hoher Druck im Beruf, schlechtes Arbeitsklima, schwierige Beziehungssituationen, Überlastung mit Familienpflichten, Krankheit, erdrückende Lebensereignisse - sich darin hilflos gefangen zu fühlen, keine Handlungsmöglichkeiten mehr zu sehen und nicht mehr abschalten zu können, das ist erdrückend und kann krank machen!

Wie wir ein Ereignis - einen sogenannten „Stressor" - bewerten, ist allerdings sehr individuell und hängt von unserer persönlichen Wahrnehmung ab! Eine Präsentation vor Publikum - ein Campingtrip mit der Familie - eine Trennung - ein Fallschirmabsprung - ein launischer Vorgesetzter - eine monotone Tätigkeit oder aber ein unvorsehbarer Arbeitsalltag, wo kein Tag dem anderen gleicht. Für manche Menschen sind die jeweiligen Situationen Horrorszenarien oder Anlass zu Ärger und Frustration, für andere eine motivierende persönliche Herausforderung, pure Freude oder Gelegenheit zu einer Standortbestimmung oder einem Neuanfang!

Es braucht beides im Leben - Anspannung und Entspannung!

Wir wollen etwas erreichen, vorwärtskommen, uns entwickeln. Und wir müssen zwischendurch innehalten. Wir können nicht dauernd Höchstleistungen erbringen, irgendwann benötigen wir eine Pause. So wie ein Motor auf Dauer nicht auf voller Tourenzahl laufen kann, brauchen auch wir zwischendurch eine Abkühlung, um unser System nicht zu überhitzen. Das kann manchmal seine gute Zeit dauern, viele Menschen funktionieren erstaunlich lange unter Dauerstress und der Körper lässt so manches mit sich anstellen, bis er ein Zeichen setzt!

Wichtig ist die Ausgewogenheit - das persönlich stimmige **Gleichgewicht** zwischen Spannung und Entspannung!

Wir können nicht immer entspannt sein, so wie wir auch nicht immer achtsam sein und nicht immer in der Gegenwart leben können! Es gehört ebenso zu einem erfüllten

Leben, über die Vergangenheit zu sinnieren, um daraus zu lernen und klug für die Zukunft zu planen. Samen auszusäen, um später die blühenden Gärten und die Früchte seiner Arbeit geniessen zu können. Und auch mal im „Automatik-Modus" zu funktionieren und einfach den Tag zu überstehen. Sich auf vertraute Routinen zu verlassen und zu tun, was nötig ist.

Wenn wir jung sind, überschreiten wir häufig unsere Grenzen, schlagen eventuell auch mal über die Stränge und nehmen uns, was wir brauchen - und in reiferen Jahren kommen wir eher zur Ruhe. Stimmen Sie dem zu? Oder ist es manchmal gerade umgekehrt? Vielleicht muss jemand auf seinem Lebensweg schon früh grosse Verantwortung übernehmen und geniesst erst in der mittleren Lebensphase eine leichtere und ausgelassenere Zeit. Lebensentwicklungen sind unterschiedlich, und wie die ruhig-beständige, darf auch die wildere, abenteuerliche Seite in uns irgendwann ihren Raum einnehmen. Zu der erfüllten Gesamtheit des Lebens gehören beide Aspekte; so verhält es sich auch mit Spannung und Entspannung.

Alles im rechten Mass zur richtigen Zeit!

Das hört sich aber ziemlich langweilig an, so wie der Ausdruck „der goldene Mittelweg" auch, nicht wahr? Wir verbinden damit Mittelmässigkeit und faule Kompromisse. In Tat und Wahrheit ist es aber ein kluger und tiefgründiger Weg. Die Redewendung hat ihren Ursprung in der Antike. Für den römischen Dichter Horaz ist der Massstab in allen Dingen die goldene Mitte, lateinisch „aurea mediocritas". In einer Ode mahnt er zur Vorsicht: „Zeige bei trübseliger Zeit dich tapfer und von unerschüttertem Mut; doch lerne auch, schwellt ein allzu günstiger Wind dein Segel, klüglich es einzuziehn." Hochaufragendes kann gefährlich sein, und kommt ein Sturm auf, gilt es, sich den äusseren Gegebenheiten anzupassen. Tapferkeit zum Beispiel liegt in der Mitte zwischen Tollkühnheit und Feigheit.

Im etwas moderneren Bereich der sozialen Medien ist der Body Positivity-Trend in letzter Zeit sehr populär geworden. Eine an und für sich löbliche Sache, dass „die Gesellschaft" langsam von der hirnrissigen Idee abkommt, dass nur extrem dünne, meistens blonde (weisse) Frauen mit aufgespritzten Lippen und künstlichen, überdimensionierten Brüsten schön sein sollen. Dazu möglichst vorteilhaft in Szene gesetzt, durchtrainiert, Haare und Make-up perfekt, wunderhübsch und unrealistisch. Im Gegensatz dazu steht die Haltung, jeder Körper sei doch schön, auch mit vermeintlichen Makeln wie Dehnungsstreifen, Pickeln,

Haarverlust, Alterserscheinungen oder Übergewicht. Das seien alles nur künstliche und verachtende Kategorisierungen. Akzeptanz und Natürlichkeit seien nun angesagt und selbstbewusst den eigenen Körper zu schätzen und zu lieben, so wie er sich darstellt. Ob mit 20 Kilogramm Unter- oder mit 200 Kilogramm Mehrgewicht. Ich habe in diesem Zusammenhang eben erst gelernt, dass man es nicht mehr „Übergewicht" nennen soll. Fertig mit „Body Shaming", niemand muss sich verstecken und ist schön, genauso, wie er oder sie eben ist. Toll, an einer solchen Überzeugung ist nichts auszusetzen! Wenn ich entsprechende Bilder sehe, vor allem auf der Bandbreite des Körpergewichts, frage ich mich jeweils unwillkürlich, ob es nicht „einen goldenen Mittelweg" gäbe, etwas dazwischen, das zu zeigen eher realistisch und gesünder wäre? Weder die „Hungerhaken" noch die extrem Mehrgewichtigen in übertriebener Weise hochzujubeln?

Es ist immens wichtig, sich in seinem Körper wohlzufühlen, sich liebevoll anzunehmen und selber schön zu finden, gar keine Frage! Sich pflegen, Püderchen und Pinselchen, Kosmetikbehandlungen und Lippenstift, ich mag das alles und tue gerne etwas für mein Aussehen. Auch gepflegte Männer sind heutzutage eine Selbstverständlichkeit. Es wäre ausserdem gelogen zu behaupten, dass das Erscheinungsbild keine Rolle spielt. Und trotzdem gibt es doch etwas zwischen der Besessenheit mit dem Erscheinungsbild und der Tendenz, seinen Körper zu vernachlässigen! Ich plädiere für die gesunde Mitte, aber Mass und Richtschnur sind natürlich von Mensch zu Mensch unterschiedlich!

Polaritäten gehören zum Leben, jedoch sind Extreme selten wohltuend, gesund oder sinnvoll!

Sich dauernd erbarmungslos zu Höchstleistungen anzutreiben oder immer auf der faulen Haut zu liegen ist wohl beides nicht erstrebenswert.

Es braucht immer den Ausgleich! Dauernde, fast besessene „Selbstoptimierung" oder sinnvolle (innerliche oder äusserliche) Arbeit an sich selber? Auch mal fünf gerade sein lassen und sich so annehmen, wie man ist?

Gleichgewicht heisst das Zauberwort, individuell die richtige Balance zu finden, das macht es aus!

„Was ohne Ruhepausen geschieht, ist nicht von Dauer."
(Ovid)

2. MENTAL STARK – ODER EINFACH NUR SCHÖN-GEREDET?

Was sehen Sie auf dem Bild? Nicht schummeln und die Auflösung vorher lesen, einfach mal anschauen. Was springt Ihnen sofort ins Auge?

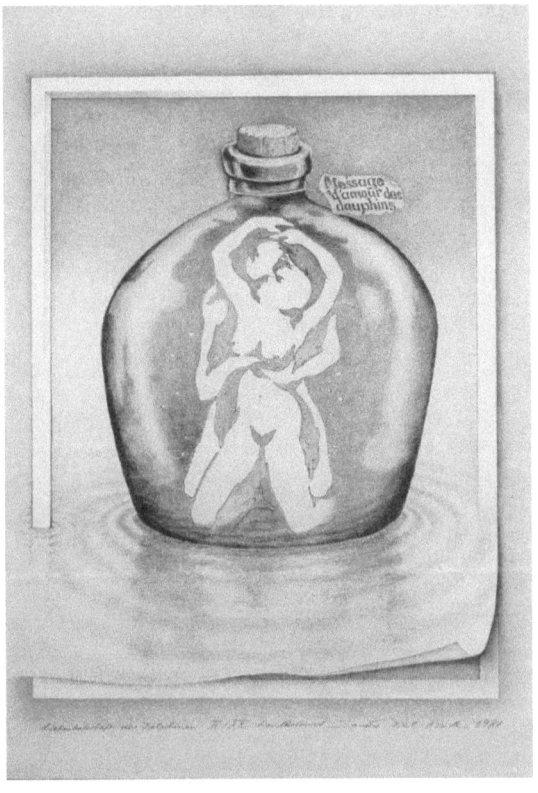

Sandro del-Pret [xi]

2.1 Wahrnehmung

Bei Erwachsenen aktiviert das zweideutige Bild eher das erotische Denken und Sie sehen mit grosser Wahrscheinlichkeit ein inniges, nacktes Paar! Sie erkennen das Liebespaar, weil das Gehirn das Gesehene vor dem Hintergrund seiner bisherigen Erfahrungen und Erinnerungen interpretiert. Was hingegen Kinder oder „unschuldig" denkende Menschen sofort sehen, sind neun Delfine! Untersuchungen haben gezeigt, dass kleine Kinder das intime Paar im Normalfall nicht erkennen, weil sie ihr Gedächtnis (hoffentlich!) nicht mit solch einer Szene in Verbindung bringen können.

Haben Sie sich das Bild nochmals angeschaut? Können Sie die Delfine erkennen, da Sie nun wissen, dass sie da sind? Sollten Sie sie mit aller Anstrengung nicht sehen können, hier eine Hilfestellung: Sie sind in den Schattenbereichen verborgen.

Wir können Ereignissen oder einer Situation ganz verschiedene Bedeutungen beimessen oder einen anderen Sinn geben. Wie wir etwas betrachten, hängt von der Perspektive ab, ob es sich nun um das berühmte halbvolle oder halbleere Glas, ein Vexierbild oder eine reale Situation handelt. Wahrnehmung ist eine sehr individuelle Sache, ganz zu schweigen davon, dass wir die wahrgenommenen

Geschehnisse dann vor dem Hintergrund unserer Denk-muster und Haltungen interpretieren oder ihnen je nach Tagesform mehr oder weniger Gewicht beimessen. Ange-nehmer Nervenkitzel oder blanker Horror? Zu einer Un-ternehmung wie einem Fallschirmabsprung muss man sich ja nicht unbedingt überwinden, wenn die Angst zu gross ist, das spielt im Alltag keine grosse Rolle. Bei Aktivi-täten wie einer Präsentation vor Publikum hingegen kann es sich möglicherweise lohnen, den Stressor neu zu be-werten und Bewältigungsstrategien auszuprobieren! Das Ganze als eine Chance zur Weiterentwicklung zu betrach-ten und nicht als eine Gelegenheit, sich fürchterlich zu bla-mieren.

Der Kollege oder die Chefin kritisiert gleich am Morgen früh eine Arbeit, für die Sie gestern extra noch länger im Büro geblieben sind. Und es ist keine sachliche und wert-schätzende Kritik, sondern eine emotionale Breitseite mit an den Haaren herbeigezogenen Pseudoargumenten. Nun könnten Sie Ihr ganzes Schaffen voller Selbstzweifel hin-terfragen und in Traurigkeit versinken oder Ihrem Gegen-über eine patzige Antwort geben und einen Streit vom Zaun brechen. Oder erst mal einen Atemzug lang innehal-ten, bewusst wahrnehmen, was diese Worte und dieses Verhalten in Ihnen auslösen, und es nicht persönlich nehmen. Die Möglichkeit in Betracht ziehen, dass dieses unsachliche Feedback mehr mit der kritisierenden Person selber als mit Ihnen zu tun hat. Vielleicht ist deren Laune so miserabel, weil sie am Abend zuvor einen Krach mit der Ehepartnerin hatte und darum in der Nacht kein Auge zutun konnte? Erst mal darüber hinweggehen, bis sich die Gemüter beruhigt haben und eine sachliche Diskussion möglich ist. Klar könnten Sie sich nach einem Atemzug immer noch für ein „Donnerwetter" entscheiden, wenn Sie das Gefühl haben, es würde die Luft reinigen oder Ihnen guttun - machen Sie es aber bewusst. Die Chance ist jedoch gross, dass Sie es dann gar nicht mehr brauchen! Und wenn doch, ist es bekanntermassen der Ton, der die Musik macht, und nach einem Atemzug ist er etwas ruhiger. Mit innerer Ruhe und Achtsamkeit bringen wir Unterbrechungen zwischen diese Abläufe:

Wahrnehmung - Interpretation - Handlung

Unsere Reaktionen fallen differenzierter aus - das entlastet und macht mental stark!

Sicher ist es alles andere als toll, wenn wir mit einem Beinbruch im Spital liegen, weil wir unglücklich gestolpert oder auf Glatteis ausgerutscht sind. Wir können nun bitterlich beklagen, dass wir ein solches Pech hatten („Warum immer ich?"), uns überlegen, wen wir verklagen sollen, weil der Weg nicht ordnungsgemäss von Unrat oder Schnee befreit war, uns heftig bemitleiden und als Opfer fühlen. Oder den Ärger, Schock und Schmerz annehmen, unsere Verletzlichkeit zulassen und dankbar dafür sein, dass uns eine ausgezeichnete medizinische Versorgung zuteil wird und wir gute Freunde haben, die zu unserer Katze schauen, Besorgungen für uns erledigen und einfach für uns da sind! Natürlich könnten wir noch einen Schritt weitergehen und uns fragen, warum wir denn überhaupt einen Unfall hatten. Waren wir nicht vorsichtig genug, ist es ein Zeichen, dass wir einfach zu viel um die Ohren hatten? Wofür könnte das Ganze eventuell gut sein, gibt es sogar positive Aspekte? Hatten wir unbewusst eine Pause nötig? Ich überlasse es Ihnen zu entscheiden, wieweit dieses Gedankenspiel für Sie Sinn macht und wo Sie Ihre Grenzen ziehen!

Oder es nimmt uns im Strassenverkehr jemand ganz frech den Vortritt und wir können im letzten Moment heftig auf die Bremse treten und einen Zusammenstoss verhindern. Es wäre nun eine Möglichkeit, wütend hinter dem fehlbaren Autofahrer her zu hupen, ihn beim nächsten Rotlicht aus seinem Wagen zu zerren und ihn windelweich zu prügeln. Aber nein, wir atmen tief durch und sind froh, dass wir von einem Unfall verschont wurden. Überlegen uns, dass wir auch schon mal unaufmerksam waren und der andere Autofahrer eventuell ortsunkundig ist. Wirklich? Wie schön, wenn wir immer so milde und gelassen reagieren könnten! Womöglich ist der Mittelweg realistischer? Dem Schrecken und Ärger Luft zu machen und im Auto laut eine Runde vor sich hin zu fluchen, sich dann aber auch wieder zu beruhigen und davon nicht den Tag verderben zu lassen? („Immer passiert mir so was, immer muss ich auf solche Idioten treffen und mich mit schlechten Autofahrern rumärgern!")

Es kann in vielen Situationen hilfreich sein, seine Wahrnehmung zu hinterfragen und Dinge aus einem anderen Blickwinkel zu betrachten! Eine Methode aus der Psychologie, die diesen Effekt des Umdeutens nutzt, heisst **Reframing**.[xii]

Es gibt dazu eine hübsche Anekdote, die Henry Ford zuge-schrieben wird: Ein junger und talentierter Mitarbeiter hatte durch einen Managementfehler einige Hunderttau-send Dollar in den Sand gesetzt und musste nun vor Henry Ford Rechenschaft ablegen. Er befürchtete, dass er wohl entlassen würde, und sagte: „Es tut mir furchtbar leid. Sie werden mir jetzt sicher kündigen." Darauf entgegnete Henry Ford: „Machen Sie Witze? Ich habe gerade mehrere Hunderttausend Dollar in Ihre Ausbildung investiert und bin mir sicher, dass sich diese Investition auszahlen wird." Wie gesagt, es ist eine Anekdote, ich bin mir nicht sicher, wie viele Vorgesetzte so denken!

Auch in Alltagssituationen oder bei Persönlichkeitseigen-schaften finden sich Beispiele: Eine Person ist vielleicht nicht einfach stur, sondern sie ist hartnäckig, was sich in einem anderen Kontext, zum Beispiel bei Verhandlungen, als sehr nützliche, hilfreiche Eigenschaft herausstellen kann! Arrogant oder sehr selbstbewusst? Dynamisch oder sprunghaft? Rücksichtslos oder durchsetzungsfähig? Krank oder in einem Heilungsprozess? Verwirrt und verlo-ren oder daran, sich neu auszurichten? Ein Arbeitsplatz-verlust kann der richtige Zeitpunkt für eine ehrliche Stand-ortbestimmung sein, eine Krankheit die Gelegenheit, seine Prioritäten im Leben zu hinterfragen. Im Verkehrs-stau zu stecken die Möglichkeit, sich in Achtsamkeit zu üben, was weniger ironisch gemeint ist, als es zugegebenermassen tönt. Bevor man aber etwas umdeuten kann, muss man es annehmen und würdigen. Trauer zum Beispiel kann man nicht einfach umdeuten, man muss sie annehmen, würdigen, durchleben, da führt kein Weg daran vorbei!

Achtung! In Situationen, in denen es um Missbrauch, Manipulation (z. B. Sekten), gefährliche Verhaltensweisen (wie Drogen, Süchte) und Realitätsverleugnung (u.a. auch Verschwörungstheorien) geht, ist Reframing nie angezeigt!

Entspannungstechniken können dabei helfen:

* sich immer mehr bewusst zu werden, was in uns und um uns herum passiert

* einen anderen Blickwinkel einzunehmen

* Erkenntnisse einzuordnen

* Reaktionen zu kontrollieren

* zu einer guten Balance zu finden

2.2 Psychische Widerstandskraft und mentale Stärke entwickeln

Wie kann es sein, dass einige von uns richtige Stehaufmännchen sind, die sich nach einer Krise schnell wieder aufrappeln und sogar gestärkt daraus hervorgehen, während andere scheinbar vom kleinsten Windhauch umgeweht werden und sich von traurigen, aber „normalen" Lebensereignissen kaum mehr erholen können?

Widerstandsfähigkeit / Resilienz (lat. resilire = zurückspringen, abprallen) heisst das magische Wort! Es bedeutet, sich trotz gravierender Belastungen und widriger Lebensumstände psychisch gesund zu entwickeln und es zu bleiben! Es ist auch die Fähigkeit, auf die kleinen und grossen Belastungen des Lebens anpassungsfähig zu reagieren. Mental stark zu sein, sich nach Krisen wieder zu fangen und sich von schwierigen und schmerzhaften Ereignissen zu erholen!

„Es geht im Leben nicht darum, gute Karten zu haben, sondern mit einem schlechten Blatt ein gutes Spiel zu machen." Robert Louis Balfour Stevenson (schottischer Schriftsteller)

Das tönt schon mal sehr ungerecht, nicht wahr, denn es ist unzweifelhaft so, dass manche Menschen in äusserst widrige Lebensumstände hineingeboren werden! Sie haben schlechte Entwicklungsbedingungen und kaum Chancen auf ein gutes, glückliches Leben. Ich gehe davon aus, dass Leid, Krankheit und Trauer unbestreitbar zum Leben gehören, und komme später nochmals auf das Thema „Startbedingungen" zurück. Über die Verteilung von Pech und Unglück könnte man sich durchaus streiten, von den Gründen mal ganz abgesehen. Letztlich bleibt es ein Mysterium und die Frage nach dem „Warum?" bringt uns meistens nicht weiter, sondern treibt uns in die dunkle, enge Sackgasse namens „Opferrolle", wo wir die Antworten auch nicht finden. Das Leben ist unfair und, wie man neudeutsch so schön sagt, „Shit happens", aber die meisten Menschen erfahren auch immer wieder Gutes und Schönes auf ihrem Lebensweg - Freude, Glück und Wohlbefinden. Es ist, wie es ist. Wir müssen mit dem, was uns zur Verfügung steht, das Beste aus unserem Schicksal machen und Verantwortung für unser Leben übernehmen. So gesehen steckt ein sehr wahrer Kern in der Aussage, dass es darum geht, auch mit einem schlechten Blatt ein möglichst gutes Spiel zu machen! Die Herausforderung anzunehmen und versuchen, seine Situation zu verbessern, das finde ich erstrebenswert. Für sich und sein Umfeld. Alles andere hilft ja nichts. Manchmal gelingt uns das gut und manchmal nicht. Resilienz kann sich je nach Lebensphase und -ereignissen zum Besseren oder Schlechteren wenden, es ist ein Prozess und keine feststehende, unveränderbare Eigenschaft! Resilienz hat aber (zum Glück) nicht einfach nur mit „Glück haben" oder „kein Glück haben" zu tun.

Was hilft uns denn dabei, Resilienz und mentale Stärke zu entwickeln? Da gelangen wir schnell zum **„Optimismus"**, wobei ich von einem „realistischen Optimismus" ausgehe! Also eine Situation nüchtern und realistisch erkennen, sie akzeptieren und annehmen, ohne sie zu beschönigen!

Realistischer Optimismus bedeutet, sich die positiven Aspekte vor Augen zu halten, sich auf Stärken zu konzentrieren und der Situation einen Sinn zu geben, mit der Zuversicht, dass sich die Dinge zum Besseren wenden können - negative Gefühle und Gedanken aber nicht zu ignorieren! Das ist für mich wahrhaftes **„positives Denken"**! (Ich verwende im weiteren Verlauf beide Begriffe.) Realistischer Optimismus bedeutet auch, negative Gefühle anzunehmen, und hat nichts mit zwanghaftem Optimismus, Selbstverleugnung, naiver Oberflächlichkeit und Schönfärberei zu tun! Ich betone dies angesichts mir teilweise einfältig vorkommender Interpretationen des „positiven Denkens" sehr!

Positives Denken verleiht keine magischen Fähigkeiten! Da ist zum Teil etwas durcheinandergeraten, habe ich den Eindruck, wenn ich mich mit der einschlägigen Literatur befasse. Leicht einen Parkplatz zu finden oder auch etwas ambitioniertere Wünsche einfach als „Bestellung ans Universum" aufzugeben? Na ja. Hilft es wohl, sich bunt auszumalen, wie man seiner Traumperson in einer wunderschönen Zeremonie das Jawort gibt, um beim heimlich geliebten Schwarm den gewünschten Erfolg zu haben? Oder sich als Arbeit suchende Person idealisierend vorzustellen, an der Spitze eines multinationalen Konzerns zu stehen?

So wie positives Denken keine magischen Fähigkeiten verleiht, sollte man pures Glück auch nicht mit persönlicher Leistung verwechseln oder dem Erfolg „unfehlbarer" Methoden oder spezieller Praktiken zuschreiben!

Mentale bis spirituell-übersinnliche Hilfestellungen und Lösungen werden ja im Bereich der Selbsthilfe und Persönlichkeitsentwicklung zuhauf angeboten! Mit Esoterik habe ich mich zwangsläufig viel beschäftigt, da das Gebiet der Entspannungstechniken häufig damit vermischt wird. In entsprechenden Weiterbildungen fand ich mich immer wieder verblüfft in Situationen, die mir ob absurder Gedankenverbindungen die Haare zu Berge stehen und mich innerlich perplex hinterfragen liessen, ob ich wohl im falschen Film beziehungsweise Kurs gelandet sei. Ich wollte tatsächlich „nur" das Autogene Training und die Progressive Muskelentspannung erlernen und mich nicht mit „geistigem Heilen" und „Lichtwesen" auseinandersetzen und auch nicht irgendein „Chakra reinigen". Und während ich finde, dass es sehr nützlich und hilfreich sein kann, in Tiefenentspannung (Hypnose) seinen inneren Ort der Ruhe zu finden und andere Visualisierungsübungen - zum Beispiel zur Linderung von chronischen Schmerzen - durchzuführen, betrachte ich es als sehr problematisch, wenn in Wochenend-Seminaren von Bankangestellten, Pflegeassistentinnen, Hausfrauen/-männern und Sozialarbeitenden ganz selbstverständlich „Rückführungen" in angebliche frühere Leben praktiziert werden! (Nicht dass ich es bei anderen Berufsgruppen besser finde.) Von solcher Scharlatanerie distanziere ich mich energisch, aber ansonsten plädiere ich für eine friedliche Koexistenz, auch was die Komplementärmedizin anbelangt, denn Menschen haben nun mal unterschiedliche Bedürfnisse und Vorlieben und es soll jeder nach seiner Façon selig werden, falls ich das nicht schon erwähnt habe.

Selbstheilungskräfte wie auch Selbstreflexion können auf mannigfaltige Art und Weise angeregt und aktiviert werden!

Dass Glück und Zufall eine Rolle spielen und weder mit positivem Denken, einem Aura-Spray noch harter, zielgerichteter Arbeit zu beeinflussen sind, ist manchmal schwer zu akzeptieren. Das mit dem Glück sieht man zum Beispiel auch bei den Teilnehmenden von „The Voice of" und anderen Talentshows, wenn wir uns wieder auf die Ebene der unterhaltsamen, teilweise fragwürdigen modernen Formate begeben wollen. Es gibt verblüffend viele gute Sängerinnen und Sänger, die unglaubliches Talent haben und hart an ihrer Karriere arbeiten. Obwohl sie alles Erdenkliche dafür getan haben, ist ihnen der Durchbruch aber trotzdem nie gelungen. Weil halt noch andere Faktoren (Zufall, Glück) eine Rolle spielen! Zur richtigen Zeit am richtigen Ort zu sein kann genauso dazu gehören wie die Tatsache (das Glück eben), dass manche mit gutem Aussehen gesegnet sind, das ihnen viele Türen öffnet. Sich den Wunschzustand in den buntesten Farben auszumalen und mit allen Sinnen und Kräften zu visualisieren führt leider auch nicht automatisch zum gewünschten Ergebnis, und sich in Tagträumereien zu verlieren kann sogar dazu führen, dass man sich etwas vormacht, die notwendigen Schritte nicht motiviert genug anpackt und bei der ersten Hürde aufgibt!

Klar sind die Erfolgsstorys viel schöner und es scheint ja auch gerechter, wenn jemand sein hartnäckig verfolgtes Ziel endlich erreicht und wenn hoch motiviertes Streben und Handeln belohnt wird! Dass es nicht immer gelingen kann, ist noch lange kein Grund, es nicht zu versuchen! Dankbar zu sein für die Möglichkeiten, die man hat, sein Bestes zu geben und eine positive Einstellung zu behalten ist in einer solchen Situation wohl hilfreicher. Nicht zu vergessen, einen Plan B parat zu haben, wenn etwas schiefgeht.

Es braucht auf der einen Seite realistische Einschätzungen und Erwartungen und auf der anderen eine Anstrengung und die Energie, die nötigen Handlungen zur Erreichung des Ziels durchzuführen! Eigenverantwortung, Geduld, harte Arbeit und Durchhaltewillen sind unabdingbar. Es gibt niemanden, der einem die Arbeit abnimmt, der einen heilt, der einem zum Erfolg verhilft. Immer muss man alles selber machen (wenn man sich natürlich auch Unterstützung holen kann). Ist nicht immer toll, aber Abkürzungen oder Alternativen sind spärlich. Und ja, manchmal reicht das traurigerweise trotzdem nicht aus, um Erfolg zu haben, manchmal fehlt einfach das Quäntchen Glück! Alles positive Denken der Welt kann das Glück und den Erfolg nicht herbeizaubern oder uns vor Rückschlägen, geschweige denn Schicksalsschlägen bewahren!

Realistischer Optimismus hingegen hilft, sich wieder aufzurappeln, die Prioritäten zu ordnen und zuversichtlich etwas Neues in Angriff zu nehmen![xiii]
Da ich nun meine „New Age"-Selbsthilfe- und Kurserfahrungen thematisiert und mich von der Illusion der Kontrolle verabschiedet habe, wollen wir uns wieder dem Positiven zuwenden!

Ich entwickle mentale Stärke (Resilienz), indem ich immer wieder bewusst:

- akzeptiere, dass ich gewisse Dinge nicht ändern kann, und sie annehme, wie sie sind

- akzeptiere, dass Leid und Krisen zum Leben gehören und - Klischee hin oder her - immer auch Chancen sein können (und sonst war es halt einfach eine Krise, das ist auch okay)

- meine Gefühle und Empfindungen wahrnehme, Impulse (meistens) kontrolliere und entscheide, wie ich meine Wahrnehmungen interpretiere und meine Handlungen gestalte

- mit Stress aktiv umgehe und weiss, wie ich mich wieder beruhigen und entspannen kann

- eine Situation sachlich erfasse und die Haltung des realistischen Optimismus einnehme

- in kleinen Schritten realistische persönliche Ziele erreiche

- meine Bedürfnisse beachte und mit Entspannungstechniken und Atempausen die bestmöglichen Voraussetzungen für meine Gesundheit und Selbstheilung
  schaffe

- Vertrauen in meine Fähigkeiten entwickle

- Hilfe annehme und mich meinem Umfeld mitteile

Eine lange Liste, und das lässt sich alles so einfach sagen,
nicht wahr? Ist es vielleicht auch eher so, dass jemand
schon von Natur aus positiv und optimistisch veranlagt
und dadurch resilienter ist? Haben manche Menschen
einfach ein sonnigeres Gemüt und fällt ihnen dadurch alles ein bisschen leichter? Persönlichkeitseigenschaften
und Umweltfaktoren spielen bei der Resilienz natürlich
eine grosse Rolle, das ist ganz klar! In der bekanntesten
und längsten Untersuchung zur Resilienz („Kauai-Studie")
kam die amerikanische Entwicklungspsychologin Emmy
Werner[xiv] aber auch zu überraschenden Ergebnissen. Einem Drittel der begleiteten Kinder gelang es nämlich trotz
ungünstiger Sozialprognose, ein gutes Leben zu führen,
und sie entwickelten sich trotz sehr schlechten Startbedingungen (Armut, Vernachlässigung, Alkoholsucht und
psychische Krankheiten der Eltern etc.) zu beziehungsfä-
higen und selbstbewussten Menschen, die im Beruf Erfolg

hatten und auf eigenen Beinen standen. Warum gelang es diesen Kindern, trotz sehr schlechten Startbedingungen ihr Leben gut zu meistern? „Bindung" machte den Unterschied. Alle resilienten Kinder hatten im Gegensatz zu den anderen das Glück, zumindest eine Bezugsperson zu haben, die sich liebevoll um sie kümmerte, ihnen Orientierung gab und Grenzen setzte. Das konnte anscheinend viele negative Faktoren wettmachen. Soziale Bindungen sind sicherlich nicht nur für Kinder wichtig! Beziehungen aufzubauen und zu pflegen, auf jemanden zuzugehen, Hilfe anzubieten und anzunehmen macht auch für Erwachsene einen grossen Unterschied und ist von unschätzbarem Wert! Wie schön, wenn wir uns dafür die Zeit nehmen können.

Einen beachtlichen Teil unseres Lebensglücks und damit im weiteren Sinne auch der Resilienz haben wir selber in der Hand - zumindest in unserer privilegierten westlichen Gesellschaft![xv] Die beschriebenen Strategien zur Entwicklung mentaler Stärke haben daran einen bedeutenden Anteil und es kann sich daraus ein positiv verstärkender Kreislauf entwickeln. Was theoretisch alles einleuchtet, aber wie setzt man diese „Resilienz-Strategien" denn praktisch um? Was unterstützt uns denn konkret dabei, mit Krisen besser umzugehen, mental stärker und psychisch widerstandsfähiger zu werden und ein glückliches und zufriedenes Leben zu führen?

2.3 Hilfestellungen und Strategien

Hier ein kleiner Überblick, was mir persönlich konkret hilft:

Entspannungsverfahren leisten mir gute Dienste und tragen zu meiner inneren Ruhe und Stärke bei. Sie sind mir unabdingbar geworden und unterstützen mich auch dabei, mit Schmerzen, Missempfindungen und anderen Auswirkungen meiner MS umzugehen und meine Bedürfnisse besser wahrzunehmen. Sie sind so in meinen Alltag eingeflossen, dass sie zu einem integralen Bestandteil meines Lebens geworden sind. Nein, ich bin deswegen nicht immer tiefenentspannt, das ist auch gar nicht nötig, aber ich habe viele gute Werkzeuge, die ich bei Bedarf einsetzen kann.

Schreiben
Ich schreibe häufig (Tagebuch). Meine Gedanken schriftlich festzuhalten hilft mir dabei, zu reflektieren, mir über

vieles klar zu werden und schwierige Ereignisse zu verarbeiten! Indem ich mir meine Geschichten von der Seele schreibe, lasse ich sie los, oder anders gesagt, ich lasse sie sein und schliesse Vergangenes ab. Ich halte auch Schritte fest, die ich erreicht habe, und Dinge, die mir gut gelungen sind oder sich verbessert haben! Mit dem Schreiben übe ich mich ebenso darin, mir selber gegenüber nachsichtiger und wohlwollender zu sein! Ich schreibe auf, was mein Ehemann und ich zusammen Schönes erfahren, sammle die guten Dinge des Lebens. Familiengeschichten und Feste. Was im Garten blüht und wie die Tomaten gedeihen. Vor allem aber halte ich fest, wofür ich dankbar bin! Die Liebe und Unterstützung, die ich erfahre, die Beziehungen und Freundschaften, die ich über alles schätze. Und natürlich die kleinen Freuden des Lebens, die bedeutend gross sein können! Ich notiere auch alltägliche Sachen, wie das Wetter war zum Beispiel, oder was ich gekocht habe, was im Nachhinein jeweils noch amüsant zu lesen ist, wenn ich nach einiger Zeit wieder mal in einem solchen Heft blättere. Und man kann schliesslich nicht immer geist- und erkenntnisreich sein.

Ich hatte mal ein „Drei-Jahres-Buch", in dem sich jeden Tag ein paar Zeilen eintragen liessen (das lässt sich natürlich auch selber gestalten und variieren). Das fand ich wirklich aufschlussreich zu sehen, was ich an einem bestimmten Tag vor ein oder zwei Jahren eingetragen hatte und rückblickend den Verlauf zu betrachten! Etwas schriftlich festzuhalten hat einen anderen Wert, als darüber „nur" nachzudenken! Tagebuch lässt sich übrigens auch gut in Briefform schreiben. Sich in dieser Form an jemanden zu wenden und über etwas zu berichten kann erstaunlich viel bewirken.

Natürlich gibt es auch andere Möglichkeiten, sich auszudrücken (Malen, Musik o. Ä.), die Neigungen sind unterschiedlich. Ich merke einfach, dass Schreiben für mich sehr nützlich ist und schwierige Dinge dabei häufig klar werden. Schreiben bedeutet Reflexion.

Kommunizieren und Reflektieren

Ich lerne immer mehr, meine Gefühle und Empfindungen mitzuteilen und nicht alles stoisch ertragen zu wollen. Um Hilfe zu fragen, wenn ich sie brauche. Nach dem „Warum?" zu forschen lasse ich meistens sein und frage mich stattdessen „Wozu?". Wozu könnte es gut sein, dass ...? Wofür könnte diese Erfahrung nützlich sein und was könnte ich damit tun? Aber erst wenn die Zeit dazu reif ist und ich dazu bereit bin! Und ich reflektiere mich immer wieder, hinterfrage meine Muster und meine Denkweisen! Ja, genau, nichts leichter als das, nicht wahr?

Spaziergänge

Mit der Bewegung können die Gedanken besser fliessen und neue Ideen entstehen! Reflektieren und Sinnieren an der frischen Luft erlebe ich konstruktiver als „im stillen Kämmerlein", wo es eher zum Grübeln wird. Nachdem ich meine Einstellung dem nötigen Gehstock gegenüber verändert und meinen Stolz überwunden habe, kann ich Spaziergänge wieder geniessen und sie tun mir immer gut. Nebst den vielfältigen gesundheitlichen Vorteilen kann ich dabei meinen Kopf durchlüften und es hebt meine Laune!

Auszeiten

Weil das manchmal anstrengend ist, lasse ich auch mal alle fünf gerade sein und gönne mir eine Auszeit - auch vom Reflektiert- und Achtsamsein! Gelegentlich mache ich einen kurzen Abstecher ins Jammertal, bis ich wieder über mich selber lachen kann!

Und ich gärtnere, lese einen unterhaltsamen Roman oder lenke mich mit anderen Aktivitäten ab, die ich gerne mag. Sich genüsslich etwas Feines zu gönnen, einen Kuchen zu backen oder schöne Schuhe zu kaufen ist auch nie zu verachten.

„Das Glück Deines Lebens hängt von der Beschaffenheit Deiner Gedanken ab." (Marc Aurel)

__Wichtig!__ Sollten Sie über längere Zeit unter Hoffnungslosigkeit, Antriebslosigkeit, grosser Niedergeschlagenheit und/oder anderen psychischen Problemen leiden, konsultieren Sie bitte eine medizinische Fachperson, vertrauen Sie sich Ihrem Umfeld an oder rufen Sie die Dargebotene Hand unter der Telefonnummer 143 an!

3. ATEM - DAS A UND O

Viele Redewendungen drücken aus, welche bedeutende Rolle der Atem im Leben spielt: Es hat uns den Atem verschlagen, wir können nun aufatmen, es braucht einen langen Atem, seinem Ärger Luft machen, es herrscht atemlose Stille oder auch dicke Luft, etwas hält uns in Atem oder ist atemberaubend schön! Um in einer Stresssituation nicht sofort zu reagieren und womöglich viel Geschirr zu zerschlagen, wird einem häufig geraten, zuerst „ruhig bis 10 zu zählen", wenn man sich ärgert oder sogar in Wut gerät. Ich empfehle die leicht abgeänderte Variante, „zuerst ruhig bis 10 zu atmen"! Die Achtsamkeit auf den Atem zu lenken kann helfen, wieder die Selbstkontrolle zu erlangen, wenn das Gefühlschaos überhandnimmt und gar nichts mehr geht! Atemübungen beruhigen und unterstützen das vegetative Nervensystem sanft dabei, in den Entspannungsmodus zu schalten. Gelegentlich innezuhalten und tief durchzuatmen gibt neue Energie und Kraft, auch in undramatischen Alltagssituationen. Und der Gedanke, die Lungen mit frischer Berg- oder Meeresluft zu füllen, tut schon beim Lesen gut! Der Atem verdient sein eigenes Kapitel.

Wir atmen glücklicherweise ganz von selber, da gehört nicht viel dazu, oder? Tatsächlich wird die Atmung vom vegetativen Nervensystem gesteuert und funktioniert automatisch, wenn wir uns nicht darauf konzentrieren. Wir können dem Atmen auch unsere Aufmerksamkeit schenken und die positiven Auswirkungen auf unser Wohlbefinden geniessen. Manchmal sind wir sogar dazu gezwungen, wenn wir beispielsweise von Erkrankungen des Atemsystems betroffen sind. Atemübungen sind auch im gesunden Zustand nützlich und dazu muss man weder Yoga beherrschen (nein, ich habe nichts gegen Yoga, Yoga ist toll) noch komplizierte Übungen im Zusammenhang mit einer bestimmten Philosophie vollführen.

Einfache Atemübungen sind eines der besten und wirksamsten Sofortmittel bei Stress, Anspannung, Angst und Panik!

Die Aufmerksamkeit auf den Atem zu richten, darauf zu achten, wie er durch den Körper fliesst, dabei die entsprechenden Körperbewegungen und Geräusche wahrzunehmen hilft, sich zu beruhigen, zu sammeln und zu konzentrieren. Seinen Körper zu spüren und Gefühle und Gedanken bewusst wahrzunehmen. Sich zu entspannen und überlegt und gelassen auf Ereignisse und Wahrnehmungen zu reagieren.

Atemzug für Atemzug. Das heisst nicht, dass wir Gefühlsregungen unterdrücken und die Spontanität auf der Strecke bleiben muss, aber meistens (nicht nur in beruflichen Situationen) ist es hilfreicher, erst einmal durchzuatmen, bevor wir reagieren. Es bedeutet nicht, dass wir immer abgeklärt, geschweige denn gleichgültig reagieren und Ärger und andere Gefühle unterdrücken müssen. Sondern uns nicht von unseren Emotionen überschwemmen lassen und zuerst kurz reflektieren, was ein Verhalten bei uns auslöst und wie wir darauf reagieren wollen. Es ist durchaus legitim, einem manipulativen Arbeitskollegen, der uns schon lange nervt und den wir als „schwierig" erleben, ruhig zu erklären, warum wir eine Aussage oder ein Verhalten nicht tolerieren können oder dass wir anderer Meinung sind. Auszudrücken, dass uns etwas irritiert und ärgerlich gemacht hat. Nach einer Atempause deutlich und respektvoll unsere Meinung kundzutun, hat eine ganz andere Wirkung, als impulsiv und nach Herzenslust sofort draufloszupoltern! Aber klar, manchmal möchten wir einfach Dampf ablassen und können ja immer noch, wenn wir das Gefühl haben, es würde uns guttun, und bereit sind, die Konsequenzen in Kauf zu nehmen. Vielleicht ist der Impuls dann aber schon verflogen!

Bewusst den Atem wahrzunehmen, ohne etwas zu verändern, oder bewusst eine Atemübung zu machen - es ist beides wohltuend und ich fühle mich damit sofort besser und leichter! Es ist ein einfaches Instrument, ein Geschenk, das wir immer bei uns haben und sofort nutzen können!

Sehr gerne wende ich die **4:6-Technik** (wie von Gary Bruno Schmid beschrieben[xvi]) an. Hier die **Anleitung:**

Atmen Sie ohne nennenswerte Pause vier Sekunden lang ein und sechs Sekunden lang aus. Atmen Sie so tief, wie es Ihnen angenehm ist, und machen Sie sich bei der Ausatmung weich und schwer. Vier Sekunden ein und sechs Sekunden aus, das ergibt zehn Sekunden pro Atmungseinheit und sechs Atemzüge in der Minute. Bis Sie den Rhythmus verinnerlicht haben, können Sie in Gedanken mitzählen oder (mithilfe einer App) die Zeit anzeigen lassen, um das Gefühl dafür zu erhalten. Diese rhythmische, langsamere und tiefere Atmung als im Standardmodus üblich hat beruhigende körperliche und seelische Auswirkungen. [xvii] Die 4:6-Atemtechnik reduziert Blutdruck- und Herzfrequenz, harmonisiert den Kreislauf und übt einen positiven Einfluss auf das vegetative Nervensystem aus.

Kombiniert mit weiteren stärkenden Anwendungen (und im Rahmen eines Coaching oder einer Therapie) können sich so Stressreaktionen und chronische Schmerzen, Angstzustände und psychosomatische Beschwerden bessern.

Das Singen bestimmter Lieder, das Rezitieren von Gebeten oder Mantras lehnen sich ebenso an diesen Rhythmus an. Auch beim Rauchen atmet man übrigens ungefähr im Verhältnis 4:6. Nebst anderen Faktoren soll auch diese Atmung dafür verantwortlich sein, dass man sich dabei entspanne. Nun will ich Sie keineswegs zur Aufnahme dieser Sucht ermuntern, aber als ehemalige Raucherin kann ich das nachvollziehen. Wie gut also, dass wir diese Atemtechnik auch ohne die schädlichen und unappetitlichen Nebenwirkungen des Rauchens anwenden können. Als hübschere Anmerkung hält der Autor fest, dass das Zahlenverhältnis der 4:6-Technik ziemlich genau dem „Goldenen Schnitt" in der Bildgestaltung entspricht, was wir als besonders harmonisch empfinden. Der Goldene Schnitt kommt auch in der Natur und sogar im menschlichen Körper häufig vor und lässt sich ebenso in Kunst, Architektur und Typografie wiederfinden.

Sie können die 4:6-Atemübung noch erweitern, indem Sie zum Beispiel bei der Einatmung etwas Beliebiges in der Nähe und bei der Ausatmung etwas in der Ferne fixieren. Das funktioniert auch bei geschlossenen Augen in der Vorstellung gut. Fixieren Sie zum Beispiel bei der Einatmung gedanklich die Nasenspitze und bei der Ausatmung entwickeln Sie die Vorstellung, in die Ferne zu schauen. Oder Sie konzentrieren sich einfach darauf, wie der Atem durch Ihren Körper fliesst. Achten Sie - abgesehen von der beschriebenen Übung - auch sonst auf Ihren Atem! Experimentieren Sie. Atmen Sie bewusst bis tief in den Bauch hinein. Vergessen Sie das Baucheinziehen für einen Moment und lassen Sie den Bauch beim Einatmen so rund und gross wie einen Ballon werden und sich beim Ausatmen wieder senken. Probieren Sie auch mal die sogenannte „Flanken- oder Herzatmung" aus, indem Sie entspannt und aufrecht sitzen und versuchen, weich in Ihre seitlich an den Rippen liegenden Hände zu atmen. Bewusst zu atmen lindert Stress, Unruhe, Angst. Atemzug um Atemzug.

Ich habe es mir zur Gewohnheit gemacht, mich immer mal wieder auf meinen Atem zu konzentrieren, zu beobachten, wie ich gerade atme und wo ich meinen Atem spüre, oder bewusst Atemübungen zu machen. Es ist für mich die Grundlage der Entspannung und dadurch fallen mir viele Dinge leichter! Nein, ich bin deswegen nicht zur übermässig extravertierten, gefeierten Show-Rednerin geworden, aber zum Beispiel hätte ich es mir vor einigen Jahren noch kaum vorstellen können, mit echter Freude, gelassen und entspannt vor einer grösseren Gruppe zu sprechen und ein Seminar zu halten! Atemübungen sind für mich auch die Grundlage, die es mir ermöglicht, mit meiner gesundheitlichen Situation gut umzugehen. Indem ich bewusst in bestimmte Körperregionen hinein atme, lindere und löse ich Missempfindungen und Schmerzen und fühle mich wohler.

Bewusst die Aufmerksamkeit auf meinen Atem zu richten hilft mir, achtsamer durchs Leben zu gehen und meine Bedürfnisse zu erkennen. Achtsam seine eigenen Bedürfnisse wahrzunehmen und wenn möglich zu erfüllen heisst nicht, auf den Bedürfnissen anderer herumzutrampeln! Das erwähne ich gerne noch für alle, die damit Mühe haben und das etwas egozentrisch finden. Es bedeutete auch für mich einen Lernprozess zu erkennen, dass es zuerst mir selber gut gehen muss, bevor ich mich anderen zuwenden und ihnen Gutes tun kann. Dass in einem selber Zufriedenheit und Ruhe herrschen, ist eine gute Ausgangslage, bevor wir uns des Umfelds annehmen. Wie heisst es bei den Instruktionen im Flugzeug so schön? Ziehen Sie zuerst Ihre eigene Sauerstoffmaske an, bevor Sie anderen helfen, oder so ähnlich.

Atemzug für Atemzug leben wir unser Leben und im nächsten Moment ist schon nichts mehr so, wie es vorher war. Einen Atemzug nach dem anderen atmen und einen Schritt nach dem anderen gehen. Mehr können und müssen wir nicht tun und es ist in Ordnung, wenn wir manchmal nicht darüber hinaussehen können.

„Die Stille ist das Atemholen der Welt." (Friedel-Marie Kuhlmann)

4. WENN DAS LEBEN ZUSCHLÄGT – SCHÖNE THEO-RIEN IM HÄRTETEST

Wenn das Schicksal uns vorher Undenkbares präsentiert, wie um Himmels willen sollen dann mentale Haltungen, philosophische Einstellungen oder Entspannungsverfahren helfen, damit umzugehen? In den schlimmsten Zeiten voller Angst und Panik, inmitten von heillosem Chaos, gebeutelt von schmerzlichen Lebensereignissen - wie kann da eine Atemübung helfen?

Natürlich macht keine noch so gute Entspannungsübung ein schreckliches Ereignis rückgängig und keine noch so ausgeklügelte Atemtechnik kann uns vor weiteren unsäglich traurigen Begebenheiten bewahren. Die Trauer ist nicht zu umgehen, auch wenn ein achtsamer Umgang mit sich selbst und seinen Gefühlen dazu beitragen kann, nicht auf Dauer darin zu ertrinken. Andere Techniken können dabei unterstützen, zur Ruhe zu kommen, eine Weile schlafen zu können, neue Kraft zu tanken für die nächste Stunde, den nächsten Tag. Schnelle Lösungen und den Trost, dass alles wieder so wird, wie es vorher war, und nicht mehr wehtut, gibt es leider nicht. Das wissen wir, einfach ist es trotzdem nicht. Wieder einmal ist Akzeptanz gefragt! Wir müssen den Prozess durchlaufen, können keine Abkürzung nehmen.

Und das mit der Akzeptanz ist ja so eine Sache. Hätten wir noch einen Beweis gebraucht, wie wenig wir unter Kontrolle haben, hätten die COVID-19-Geschehnisse uns diesen bravourös geliefert! Mittlerweile im neuen Jahr und tief in der zweiten Welle angekommen, wurde uns unmissverständlich vor Augen geführt, wie fragil alles ist, unser gewohntes Leben und das ganze System, auf das wir uns immer so selbstverständlich stützen konnten. In noch selten erlebter Deutlichkeit wurde uns bewusst, dass sehr viele Dinge nicht in unserer Macht liegen. Die Schwierigkeiten, diesen Kontrollverlust und die Unsicherheit zu akzeptieren, mit gewissen Unannehmlichkeiten und als Bevormundung wahrgenommenen Regeln umzugehen, treten bei manchen Menschen klar zutage und äussern sich in teilweise grotesken Verhaltensweisen. Hamsterkäufe von Toilettenpapier dürften dabei noch zu den harmloseren zählen. Was im Alltag, in der Beziehung oder Familie vorher schon schwierig war, wurde jetzt noch schwieriger und liess sich im Lockdown noch weniger gut verdrängen. (Von den direkt Betroffenen, die erkrankt sind, geschweige denn den Verstorbenen und deren Angehörigen reden wir dabei nicht einmal, das ist nochmals eine andere Sache!)

Vielleicht hat die Krise dazu geführt, dass wir unsere Werte und Haltungen überdenken? Eventuell haben uns auch die Reaktionen von Fremden, Bekannten oder sogar Familienmitgliedern überrascht und zum Nachdenken angeregt? Zu überlegen, welchen Menschen, Fachleuten, Medien und Institutionen wir vertrauen und welchen nicht, wie wir uns eine Meinung bilden, wie unsere Grundeinstellung im Leben aussieht, das hat viel ausgelöst und ins Rollen gebracht. Die turbulenten Pandemie-Ereignisse haben brisante Fragen aufgeworfen, an denen wir noch lange zu kauen haben werden, sei es in gesellschaftlicher, politischer oder persönlicher Hinsicht.

Ich konzentriere mich hier auf die persönliche Ebene, das ist schon herausfordernd genug. Ein wichtiger Aspekt ist, ob unsere Haltung im Grundsatz von Akzeptanz, Vertrauen, Zuversicht und dem Glauben an das Gute geprägt oder ob sie von Misstrauen, Verdrängung, Ängsten und der Überzeugung von der Schlechtigkeit des Lebens und der Menschen bestimmt ist! Ich entscheide mich immer wieder für die erste Variante, auch wenn diese Überzeugung manchmal hart auf die Probe gestellt wird. Diese

Krise ist ein Paradebeispiel (das wir so natürlich nicht gewollt hätten), um die Haltung des realistischen Optimismus zu demonstrieren: „Okay, es ist eine neue und unerwartete Lage und niemand kann im Moment so richtig sagen, was Sache ist. Es ist nicht absehbar, wie sich die Situation entwickeln wird. Sie ist schwierig und wird wahrscheinlich viele Auswirkungen haben. Ich erkenne die Unsicherheit und Angst an und versuche, das Beste aus der ganzen Situation zu machen. Ich bin mir bewusst, dass wir in unserem Land in einer sehr privilegierten Lage sind und gute Voraussetzungen haben, die Krise meistern und Lösungen finden zu können. Dafür bin ich dankbar. Es ist sinnvoll, die vorgegebenen Regeln zu befolgen und die Massnahmen aktiv umzusetzen. Ich verhalte mich solidarisch und trage meinen Teil zur Lösung bei. Ich habe grundsätzlich das Vertrauen, dass unsere Regierung in dieser schwierigen Zeit das Beste für die Bevölkerung will, auch wenn die Meinungen darüber, wie dieses Ziel zu erreichen sei, in einzelnen Punkten auseinandergehen. Ich bin zuversichtlich, dass wir als Gesellschaft gestärkt aus der Krise hervorgehen und sich dadurch gewisse Dinge dauerhaft zum Besseren entwickeln!"

(Na ja, der letzte Satz war jetzt vielleicht ein wenig übertrieben, aber möglich ist es ja!) Das ist die Haltung des realistischen Optimismus.

Das Gegenteil wäre, in Panik und Hysterie zu verfallen und sich aus Angst vor dem Virus gar nicht mehr aus dem Haus zu wagen. Sich in der Überzeugung, das sei der Anfang vom Ende, völlig abzuschotten und sich aufzugeben. Oder sich den ganzen Tag zwanghaft die Hände zu waschen und alles um sich herum zu desinfizieren. Wobei man da natürlich aufpassen muss, denn, was vor „Corona" noch als übertrieben gegolten hat, ist jetzt zum standardmässigen und vernünftigen Verhalten geworden.

(Verdrängte) Angst und Unsicherheit können sich nicht nur in übertrieben vorsichtigem Verhalten auswirken, sondern äussern sich manchmal auch als Unvermögen, die eigenen Bedürfnisse zurückzustellen und für eine Weile auf gewisse Dinge zu verzichten. Anders kann ich mir das teilweise rücksichtslose Verhalten von einigen Mitmenschen in dieser Zeit nicht erklären. Dazu kommt, dass wir glücklicherweise nicht daran gewöhnt sind, uns in diesem Ausmass sagen lassen zu müssen, was wir zu tun und zu lassen haben! Auch in dieser Hinsicht sind wir in der Schweiz in einer vergleichsweise komfortablen Situation, mussten wir bis jetzt doch nie eine Ausgangssperre oder ähnlich drastische Massnahmen erdulden. Sehr ungewohnt ist aber, dass wir in unserer vermeintlich sicheren und privilegierten Welt unvermittelt von einer globalen Krise direkt betroffen sind und unsere individuellen Bedürfnisse in den Hintergrund treten müssen. Unsanft aus der Komfortzone gerissen und plötzlich einer Bedrohung ausgesetzt sind. Damit umzugehen ist der Kern der Sache und da kann einiges aus den Fugen geraten.

Natürlich waren und sind viele Dinge sehr schwer! Ich habe das grösste Verständnis, dass es zum Beispiel für Menschen in Heimen schrecklich ist, so abgeschottet zu werden! Es ist mir auch völlig klar, dass es je nach Ausgangslage sehr herausfordernd ist, Kinder zu Hause zu beschäftigen oder zu unterrichten und „nebenbei" im Homeoffice zu arbeiten. Dass die Beschränkung (physischer) sozialer Kontakte und die Isolation in den eigenen vier Wänden gerade für alleinstehende Menschen Gefühle der Einsamkeit verstärken, ist nicht von der Hand zu weisen, und dass in dieser Zeit die häusliche Gewalt zugenommen hat, eine traurige Tatsache. Das sind alles noch mehr Gründe, warum es im Interesse aller liegen sollte, dass die Zeit solcher Einschränkungen so schnell als möglich wieder vorbei ist! Ist es deshalb wirklich so schlimm, für eine Weile länger auf Feiern, Konzerte oder Barbesuche zu verzichten, während es andere Menschen gesundheitlich hart getroffen hat und sie im schlimmsten Fall ums Überleben kämpfen?

Ja, dadurch stehen viele Geschäfte am Rande des Abgrunds, das ist für die Betroffenen bitter und muss so weit als möglich wirtschaftlich abgefedert werden! Möglicherweise wird die Welt nach „Corona" auch etwas anders sein, weshalb wir nicht alle untergegangenen Strukturen mit allen Mitteln retten können. Das wissen wir noch nicht und in der Zwischenzeit ist Hilfe nötig. Aber mit den politischen Aspekten fange ich besser gar nicht erst an, das würde den Rahmen sprengen. Obwohl ich mich noch nicht zum Pflegepersonal und der Situation in den Heimen und Spitälern geäussert habe, was mir als ehemalige Krankenpflegerin natürlich sehr am Herzen liegt! Die Gräben der verschiedenen Meinungen und Haltungen, die sich beim Thema „Corona" öffnen, sind teilweise tief und schwer überbrückbar, das habe ich mit Erschrecken realisiert.

In noch erschreckenderen Varianten haben sich in dieser Zeit abstruse Gedankenkonstrukte manifestiert, was mich in dieser Ausprägung ebenso verblüfft hat, um es milde auszudrücken. Sie reichen von „das Virus und eine Pandemie existieren gar nicht" über „die Angst vor dem Virus ist gefährlicher als das Virus selbst" bis hin zu „böse Regierungen, dunkle Mächte und geldgierige Menschen stecken unter einer Decke, haben das Virus absichtlich freigesetzt und/oder benutzen die Pandemie, um alle Macht an sich zu reissen, die Bevölkerung zu unterdrücken und ihrer Grundrechte zu berauben, um mit Zwangsimpfungen viel Geld zu verdienen". Oder so ähnlich. Das Ganze untermalt von den Zwischentönen der ewigen Mäkler und Besserwisser, denen die Massnahmen entweder zu streng oder zu lax sind und deren Lebensaufgabe darin zu bestehen scheint, zu jeder Zeit alles zu kritisieren. Sie sind teilweise so mit dem Jammern und Fordern beschäftigt, dass kein Raum für kreative Lösungsversuche bleibt. Und schon wieder habe ich damit einen Glaubenskrieg thematisiert, was in diesen Zeiten fast nicht zu vermeiden ist!

Es ist eine unumstössliche Tatsache, dass es Dinge im Leben gibt, die wir nicht ändern können! Vieles ist ausserhalb unserer Kontrolle und wir müssen es annehmen und akzeptieren, wie es nun mal ist. Mit Angst und Einschränkungen umgehen, Unsicherheiten aushalten, mit Verstand und Vernunft den Tatsachen ins Auge blicken, ohne sich in mehr oder weniger bizarre Erklärungsmodelle zu flüchten! Wir wissen nicht, was kommt und wie es ausgeht. Oder um es poetischer auszudrücken: „Wir treiben mit einem Floss auf eine Nebelwand zu. Was erwartet uns dahinter? Ein schöner See oder ein Wasserfall? Wir wissen es nicht."[xviii] Die globale Verunsicherung dieser Zeit auszuhalten, die eigene Angst und Verletzlichkeit anzunehmen ist eine grosse Herausforderung. Das bedeutet nicht, dass wir den Kopf in den Sand stecken und resignieren müssen! Es gibt so vieles, das wir tun (und vieles, das wir momentan lassen) können. Kontrollverlust - Akzeptanz - realistischer Optimismus. Vor der Corona-Krise wäre ich nie auf die Idee gekommen, dass ich in meinem Buch die Umstände einer Pandemie zur Illustration dieser Begriffe nutzen würde! Auch wenn diese Zeit hoffentlich bald der Vergangenheit angehören wird, im Gedächtnis wird sie uns wohl noch länger bleiben!

Es braucht nicht einmal eine solch unerwartete und aussergewöhnliche Situation wie die einer Pandemie, auch eine schwere Diagnose oder ein anderes Lebensereignis kann uns vollkommen aus der Bahn werfen.
Die Diagnose Multiple Sklerose (MS) hat mir vor ein paar Jahren dreist den Boden unter den Füssen weggezogen. Ich funktioniere so, dass ich nicht leicht in Panik verfalle, kann meine Gefühle, wenn nötig, erfolgreich kontrollieren und schalte erst mal in den Automatik-Modus. Ich analysiere die Situation, beschaffe mir Informationen, wäge

meine Optionen ab und beurteile meine Aussichten. Und verbreite in meinem familiären Umfeld Zuversicht und Optimismus, um den Schrecken für meine Liebsten zu dosieren. Das Letztere ist ein Überbleibsel aus meinem jungen Erwachsenenalter, als ich gefühlt für alles die Verantwortung übernehmen musste. Meine Emotionen hinken meistens etwas hinterher, aber nach einer Weile bin ich dann jeweils so weit, dass ich Traurigkeit und Ängste zulassen kann.

Ganz konkret habe ich mir im Zusammenhang mit der MS die positiven Aspekte vor Augen gehalten, dass in der Behandlung in den letzten Jahren und Jahrzehnten grossartige Fortschritte gemacht wurden und dass es wirksame Medikamente gibt, die den Verlauf deutlich mildern können. Ich habe mir vergegenwärtigt, dass ich das enorme Glück habe, Zugang zu den Errungenschaften der modernen Medizin zu haben, und entsprechende Behandlungen ohne die Sorge um die nötigen finanziellen Mittel in Anspruch nehmen kann. Vor allem aber wusste und fühlte ich, dass ich nicht alleine war! Ich war und bin zutiefst dankbar für die Rückenstärkung und Unterstützung von meinem Ehemann und den liebsten Menschen in meinem nahen Umfeld. Es wäre etwas übertrieben zu behaupten, dass ich die MS nicht mehr missen möchte, aber ich habe mich inzwischen mit ihr ausgesöhnt. Sie hat mir schliesslich dabei geholfen, noch mehr zu mir und meinen Bedürfnissen zu stehen, und hat die Prioritäten in meinem Leben noch einmal verdeutlicht! Die MS fordert unter anderem von mir, dass ich mir mehr Pausen gönne und Dinge achtsamer verrichte. Da mir öfters Gegenstände aus der Hand fallen, wenn ich rasch noch etwas erledigen will, erfülle ich diesen Anspruch schon nur deshalb, weil wir unseren Geschirrverbrauch einigermassen im Rahmen halten wollen. Mein Mann sagt manchmal, dass die Entschleunigung, die durch die MS in unserem Leben entstanden ist, auch ihm guttut, und wir erleben sie als eine durchaus positive Auswirkung der Krankheit.

„Was mich nicht umbringt, macht mich stärker" (Friedrich Wilhelm Nietzsche) - kennen Sie dieses Zitat auch? Es ist eine harte Aussage und ich denke, man muss sie differenziert betrachten. Es gibt sehr schlimme, traumatische Erlebnisse, die jemanden zwar nicht physisch umbringen, das weitere Leben aber fast unerträglich machen. Wenn man damit aber Grenzerfahrungen meint, die uns erleben lassen, dass noch viel mehr Potenzial oder Kraft in uns steckt, als wir bisher selbst angenommen haben, dann kann ich dieser Aussage schon eher zustimmen. Dass mich die Diagnose MS nicht völlig aus der Bahn geworfen hat, habe ich auch dem Umstand zu „verdanken", dass ich in meinem Leben schon Schlimmeres überstanden habe. So gern ich auch darauf verzichtet hätte, hat es mich tatsächlich stärker gemacht. Ohne dass ich bewusst darüber nachdenken musste, gab es für mich auch in Bezug auf die MS immer nur die Option, die neuen Gegebenheiten anzunehmen und aus Überzeugung das Beste aus meiner Situation zu machen, um diese viel bemühte Beschreibung noch einmal zu verwenden! Wahrscheinlich eben auch darum, weil ich schon früh im Leben verinnerlicht habe, dass alles andere nicht hilfreich ist und jammerndes Selbstmitleid nichts nützt. Ich bin froh und dankbar, dass es mir alles in allem so gut geht, und habe mich nie gefragt, warum es mich getroffen hat. Ich versuche, nicht nur geistig, sondern auch physisch in Bewegung zu bleiben, achtsam auf meinen Körper zu hören und ja, mich hoffnungsvoll auf die positiven Aspekte zu konzentrieren. Und während ich mich vorher schon mit Entspannungstechniken beschäftigt hatte, habe ich in dieser Situation meine eigenen Übungen weiterentwickelt, um mit meinen Symptomen, wie zum Beispiel Schmerzen und Missempfindungen, besser umgehen zu können und wieder Vertrauen in meinen Körper zu gewinnen. Und natürlich habe ich meine eigenen kleinen „Geheimtricks" und Methoden.

Okay, weil Sie es sind, verrate ich Ihnen, dass es sich dabei um solche Hilfsmittel wie Ingwershots, Apfelessig und Tees handelt und dass ich mich für eine „schulmedizinische" Basisbehandlung entschieden habe, auch wenn ich Arzneimittel aus tatsächlich vorhandenen pflanzlichen Wirkstoffen noch so sehr schätze und nutze. Ausgewogen ernährt habe ich mich vorher schon und mich ausführlicher zu dem Thema zu äussern getraue ich mich nicht. Ernährung ist eine sehr individuelle Angelegenheit und sonst tun sich schon wieder Gräben auf!

Auch wenn ich mir gelegentlich „MS-Ferien" wünsche, bin ich dankbar, dass ich mich in so privilegierten Umständen und einer schönen Lebensphase befinde! Es gibt mir ein befriedigendes Gefühl zu wissen, dass ich alles tue, was in meiner Macht steht, damit es mir noch möglichst lange so gut geht. Darauf bilde ich mir aber nichts ein. Ich weiss, dass ich schlussendlich nicht die absolute Kontrolle darüber habe, und habe mich damit ausgesöhnt. Die MS gehört zu mir und ich nehme sie als „Beraterin" ernst. Es ist immer eine gute Idee, so viel als möglich für seine Gesundheit zu tun und Entspannung, innere Ruhe, mit sich und seinem Leben im Reinen zu sein sind die Grundlage! Aber eine Garantie, dass nichts „Schlimmeres" mehr passiert,

gibt es trotzdem nicht, das gilt es zu akzeptieren und anzunehmen.

Akzeptanz erachte ich als die Grundlage, um mit prägen-
den Lebensereignissen, Schicksalsschlägen, persönlichen
Krisen und den entsprechenden Sorgen und Ängsten kon-
struktiv umzugehen! Das hat auch viel damit zu tun, seine
Kräfte und Energien dort einzusetzen, wo es sinnvoll ist,
wo etwas veränderbar ist! Im Umgang damit erlebe ich
mentale Techniken und Entspannungsverfahren als sehr
nützlich! Innerlich zur Ruhe zu kommen hilft dabei, Unab-
änderliches anzunehmen. Um in einem weiteren Schritt -
auch wenn er in noch so weiter Ferne zu liegen scheint -
wieder handlungsfähig zu werden. In einer persönlichen
Krise kann das erst mal heissen, einen Moment nach dem
anderen und einen Tag nach dem anderen zu bewältigen.
Am Morgen aufzustehen, zu duschen und alltägliche Ver-
richtungen zu erledigen. Es gilt, Trauer zuzulassen, nach-
sichtig mit sich selber zu sein und sich die Zeit zu geben,
die es braucht.

Krisen-Strategien

*   Trauer, Schmerz, Angst und Unsicherheit annehmen
    Akzeptanz finden

- Grundfunktionen und -strukturen aufrechterhalten

- Sich Zeit geben und einen kleinen Schritt nach dem anderen machen

- Atem- und Entspannungstechniken anwenden

- Hilfe suchen und Unterstützung annehmen

Wichtig! *In einer akuten psychischen Krise und/oder dem Bestehen von suizidalen Gedanken konsultieren Sie bitte eine medizinische Fachperson, vertrauen Sie sich Ihrem Umfeld an oder rufen Sie die Dargebotene Hand unter der Telefonnummer 143 an!*

Kommen wir nochmals zurück auf grundsätzlich schwierige Startbedingungen, ungünstige Lebensumstände, allgemein schlechte Chancen und grausame Schicksalsschläge. Eine Möglichkeit ist es, dies auf religiöse oder esoterische Art zu erklären und mit Seelenwanderung, Reinkarnation und Karma zu argumentieren. Dass man eine bestimmte Aufgabe zu erfüllen und sich die jeweiligen Umstände selber so ausgesucht habe, weil dadurch etwas zu lernen sei, das man im letzten Leben versäumt habe. Es sei eine Chance zur Höherentwicklung, um es mal wohlwollend zu betrachten, und die Möglichkeiten, die sich in einem einzigen Leben nicht verwirklichen liessen, könnten sich in einem künftigen Leben entfalten - oder so ähnlich. Oder weniger positiv formuliert, die gegenwärtigen Umstände seien eben eine Folge von Fehlverhalten in diesem oder einem vorherigen Leben. Das ist eine mögliche Weltanschauung, und wenn diese Beschreibung auch ein wenig vereinfachend (und hart) tönt, schwirrt der Grundgedanke immer noch in entsprechenden Lehren und Erklärungsmodellen herum.

Kürzlich habe ich mir einen interessanten Podcast angehört. Es wurde ein knapp dreissigjähriger junger Mann interviewt, der ohne Arme und Beine geboren worden war.

Dabei kam zur Sprache, wie er als Jugendlicher verständlicherweise mit seinem Schicksal gehadert und seiner Adoptivmutter die Frage „Warum ich?" gestellt habe. Seine Mutter habe zur Antwort gegeben, sie sei überzeugt, dass sich jedes Kind, bevor es geboren werde, eine Aufgabe für das Leben geben und sich überlegen würde, welche Voraussetzungen und Lebensumstände am geeignetsten wären, um diesen Auftrag zu erfüllen. Offenbar habe er sich gedacht, dass es dafür besser wäre, keine Arme und Beine zu haben, und nun müsse er seine Aufgabe selber finden. Der junge Mann sagte, diese Antwort sei für ihn sehr hilfreich gewesen, so habe er ein Ziel gehabt und vor allem das Gefühl der Selbstkontrolle und Eigenverantwortung! Es habe ihm auch geholfen, nicht in die Negativspirale der Zerstörung und des negativen Denkens einzusteigen.

Ich habe die grösste Hochachtung, was er aus seinem Leben macht, dass er sich nicht unterkriegen lässt und wie er sich und sein Schicksal annimmt! Es ist sein gutes Recht, an Wiedergeburt zu glauben oder was immer ihm dabei hilft, mit unfair und grausam erscheinenden Lebensumständen klarzukommen. Ich kann auch gut nachvollziehen, dass ihm das mehr geholfen hat, als wenn ihm seine Mutter gesagt hätte, dass es auf die Frage „Warum ich?"

keine wirklich zufriedenstellenden Antworten gebe. Dass es ein Mysterium oder eine unerklärliche und unfair erscheinende „Laune der Natur" sei und er nun das Beste aus seinem Schicksal machen müsse. Das könnte herzlos wirken, auch wenn mit diesen Antworten sein Leben nicht an Bedeutung und Wert verloren hätte!

Wenn etwas nicht veränderbar ist, ist es kaum sinnvoll, zu verbissen nach dem „Warum?" zu fragen, wenn es auch durchaus verständlich und nachvollziehbar ist. Die übermässige Beschäftigung damit braucht viel Kraft und bringt wenig. Einen Unterschied macht es nicht wirklich, die Herausforderung besteht so oder so immer daraus, seinem Leben Sinn zu geben und das Beste daraus zu machen. Dieser Überzeugung bin ich, auch wenn dies angesichts einer solchen Grundlage wie der beschriebenen Einschränkung oder anderer misslicher Voraussetzungen ein sehr hoher Anspruch ist. Von daher stimme ich mit dem jungen Mann durchaus darin überein, dass es nichts bringt, in einer Opferhaltung zu verharren. Dass das gegenwärtige Schicksal durch die Art der Taten und des Handelns in einem früheren Leben bestimmt sei, erachte ich allerdings Menschen gegenüber, die schreckliche und traumatische Erfahrungen von Missbrauch, Krankheit, Hunger, Not und

Krieg erleben müssen, als eine zynische und unmenschliche Haltung, die mir nicht entspricht. Um bei dem Beispiel zu bleiben, was würde man dann wohl einem Kind, das mit der gleichen Behinderung, aber in einem Flüchtlingslager ohne die medizinische Versorgung, modernsten Hightech-Hilfsmittel und finanziellen Möglichkeiten der westlichen Welt geboren wäre, sagen, wenn man demselben Denkmuster gehorchen würde? Eher gar nichts, denn es hätte solche Fragen wahrscheinlich gar nie stellen können, weil es nicht überlebt und somit auch nicht zum viel bewunderten Motivationsredner und Vorbild hätte werden können.

Ich schätze das Privileg, über den Sinn des Lebens, Glaubenssysteme, Persönlichkeitsentwicklung und dergleichen mehr sinnieren zu können. Deshalb erscheint mir diese Haltung Menschen gegenüber, die diese Gunst nicht haben, hartherzig und sie beinhaltet sogar die Gefahr, allgemeine Missstände gleichmütig hinzunehmen.

Eine schwere Krankheit kann uns in den Grundfesten erschüttern. In einer solchen Situation die Verantwortung für Behandlung, Therapien, Lebens- und Gesundheitsentscheidungen zu übernehmen und versuchen, das Beste aus der Situation und den eigenen Möglichkeiten zu machen? Absolut! Optimale Voraussetzungen zur Selbstheilung zu schaffen? Ja, sicher! Davon auszugehen, dass man alle Lebenserfahrungen selber erschafft und sich in der Folge durch positives Denken alleine heilen kann? Stimmt für mich nicht. Bei dieser „New Age"-geprägten kosmischen Friede-Freude-Eierkuchen-Bewegung schwingen dann schnell Arroganz, Selbstherrlichkeit und Schuldzuweisung mit. Auch wenn ich wunderbar überschwängliche Affirmationen à la Louise Hay im richtigen Kontext sehr mag, bin ich nicht der Meinung, dass man immer alles erreichen kann, wenn man es nur wirklich will und positiv genug denkt.

Natürlich stärkt es das Gefühl der Selbstwirksamkeit (was sich wiederum positiv auf die Immunfaktoren auswirken kann), wenn wir fest den Glauben haben, durch unsere Kompetenzen und Fähigkeiten zu unserer Heilung beitragen zu können! Daran zu arbeiten lohnt sich immer! Selbstliebe, positives Denken, gesunde Ernährung sind zwar gut, das alleine heilt aber nicht und es ist meiner Meinung nach anmassend **zu behaupten, den richtigen Weg zu kennen, wenn jemand eine schwere Erkrankung wie Krebs ohne konventionelle, evidenzbasierte Behandlung („Schulmedizin") überlebt hat.** Was ist dann mit den

Menschen, die es nicht geschafft haben? Haben die einfach nicht „positiv" genug gedacht? Die seelische Bedeutung ihres Krankheitsbildes nicht erkennen wollen? Da sträuben sich mir grad die Haare. Krankheit ist nicht unser Fehler, weil unsere „Energien blockiert" sind, wir irgendeine Schuld auf uns geladen haben oder nicht der angeblich richtigen Lehre eifrig genug nachgegangen sind. Vielleicht hatte eine Person, die Krebs ohne konventionelle Behandlung überstanden hat, einfach nur ein Riesenglück und sie hätte die Krankheit auch ohne alternativ-medizinische Therapien, Affirmationen und Rohkost überlebt? Wir können es nicht wissen und ich plädiere deshalb für eine gewisse Bescheidenheit.

Der falsch verstandene Ansatz des positiven Denkens kann dazu führen, dass Menschen, die krank sind, sich zu allem auch noch schuldig fühlen, ganz abgesehen davon, dass es allenfalls gefährlich sein kann, sich konventionellen medizinischen Behandlungen zu verweigern. Steve Jobs habe sich zum Beispiel (zu) lange ausschliesslich auf alternative Methoden zur Behandlung seines Krebsleidens verlassen (wenn man seinem Biografen glauben kann) und er hatte im Gegensatz zu Louise Hay nicht das Glück, seine Krankheit zu überleben, wie wohl viele andere auch nicht. Ich habe ein sehr interessantes Buch gelesen, in dem es um Spontanheilungen bei Krebs, sogar in schweren, fortgeschrittenen Fällen geht.[xix] Dabei werden Faktoren zusammengefasst, die bei allen Menschen, die eine solch erstaunliche Ausnahme erleben durften, in unterschiedlicher Form und Ausprägung vorhanden waren. Das sind wunderbare, optimistische und inspirierende Geschichten und ich finde es wichtig und gut, dass solche Forschungen gemacht werden. So wie ich auch Hoffnung und den gesamten Forschungszweig der Positiven Psychologie als unglaublich wertvoll erachte! Das war ein längst überfälliger Ansatz. Und doch gibt es viele Fälle - was die Autorin des erwähnten Buches nicht in Abrede stellt - in denen Menschen genau das Gleiche gemacht und trotzdem gestorben sind. Das darf man nicht vergessen, auch wenn man sich natürlich in der Situation zu Recht auf die Hoffnung konzentriert! Es ist aber nicht immer alles machbar und die meisten Menschen leben wohl nicht mehr allzu lange, wenn sie Krebs im fortgeschrittensten Stadium haben, das ist leider die traurige und harte Realität. Dann tröstet, wie in dem Buch beschrieben, der Gedanke ein bisschen, dass Heilung nicht immer Genesung bedeutet und „heil werden" auch im Sinne von „innerlich ganz werden" verstanden werden kann und die Betroffenen im letzten Lebensabschnitt Sinnhaftigkeit, Wohlbefinden und

Frieden erleben können, unabhängig davon, wie lange ihr Leben noch dauert.

Aber das will niemand gerne hören, nicht wahr? Das ist schwere Kost und dabei wurde doch im Vorwort dieses Buches etwas von Entspannung und Leichtigkeit erwähnt. Die heftigen, traurigen Realitäten sind schwer auszuhalten. Positive, erstaunliche Ausnahmen und inspirierende Geschichten fühlen sich viel besser an und wir hören sie alle lieber! (Und fantastische Heilversprechen lassen sich ohne Zweifel besser verkaufen.)

Nur mit der Akzeptanz, dass es Dinge gibt, die wir nicht ändern können, und uns „nur" die Möglichkeit bleibt, das Beste daraus zu machen, sind Ruhe und Gelassenheit, "Positives Denken" oder „realistischer Optimismus" meiner Meinung nach sinnvoll und möglich! Es gilt zu akzeptieren, dass es keine „Planungssicherheit" gibt, um einen in letzter Zeit viel strapazierten Begriff zu benutzen! Annehmen und anerkennen, was ist, kann dann mehr helfen, als sich verzweifelt etwas einzureden, weil man es sich doch so sehr wünscht, oder Energie damit zu verschwenden, gegen etwas anzukämpfen, das sich nicht ändern lässt! Das ist hart, aber es ist die Grundlage, auf der „sein lassen", Loslassen, Entspannung und damit im besten

Falle Weiterentwicklung und neue Lösungen und Einsichten stattfinden können. Und umgekehrt fällt Akzeptanz im entspannten Zustand leichter! Es gibt viele Dinge, auf die wir Einfluss haben, und ich verspreche, das Buch (und das Leben) werden auch wieder heiterer!

Natürlich schwingt da meine persönliche Geschichte mit, hat es mich doch zutiefst geprägt, dass meine Mutter im Alter von 43 Jahren an Krebs gestorben ist, und schon damals empfand ich gewisse alternative „Erklärungsmodelle" nicht wirklich als hilfreich oder ansprechend. Also hat es für mich häufig einen schalen Nachgeschmack, wenn jemand behauptet (oder impliziert), es sei alles möglich mit positivem Denken, überdosierten Vitaminkuren, Geistheilen oder irgendwelchen anderen fragwürdigen Anwendungen. Und nein, auch die angeblich wissenschaftlichen Deutungen der viel missbrauchten Quantenphysik überzeugen mich nicht von der Seriosität dubioser Angebote in diesem Bereich! Ich distanziere mich auch vielfach von selbsternannten Gurus und marktschreierischen Motivationstrainern und was sich im Bereich der Gesundheit, Persönlichkeitsentwicklung, des Coachings oder der Entspannungstechniken dergleichen mehr tummelt. Solche Leute sagen häufig mit vielen Worten sehr wenig aus und verkaufen banale Scheinkonzepte. Sogar wenn sie selber damit tatsächlich erfolgreich waren, ist das kein Beweis für die generelle Wirksamkeit! Mit grosser Wahrscheinlichkeit haben viele Leute hoch motiviert dasselbe getan und sind damit kläglich gescheitert.[xx] Nur der Glaube allein kann Berge nicht immer versetzen! Die Vorstellung, man habe sein Schicksal selber in der Hand und könne alles erreichen, wenn man es wirklich wolle, ist einerseits sehr inspirierend und kann auf der anderen Seite zur Überheblichkeit verleiten. Und natürlich fällt es den „Gewinnern" tendenziell schwerer zuzugeben, dass möglicherweise die Hilfe Dritter sowie glückliche und unbekannte Umstände zu einem Erfolg oder einer Heilung beigetragen haben. Fraglos sind Erfolgsgeschichten - in welchem Bereich auch immer - sexyer und inspirierender und herzerwärmender! Unglaublich und grossartig und schön, was manche Menschen erreichen! Aber es ist leider nicht alles nur eine Frage der Geisteshaltung, und immer wenn Hilfe suchende und verzweifelte Menschen ausgenutzt werden, hört für mich der Spass auf!

Auch wenn wir vieles nicht kontrollieren können, muss und soll uns das nicht davon abhalten, unser Bestes zu geben, ein gutes, sinnvolles, im besten Sinne anständiges Leben zu leben. Was auch immer danach kommen oder nicht kommen mag, erst mal gilt es, Kraft und Ruhe in sich selber zu finden und dem Leben zu vertrauen! Mit einem Lächeln die Stürme des Lebens zu meistern und dankbar zu sein für alles Gute, das wir erleben dürfen. Schöne Momente heiter zu geniessen. Leichtigkeit und Gelassenheit zu finden. Dabei können Entspannungstechniken helfen.

There is a crack; a crack in everything
That's how the light gets in
(In allem hat es einen Riss. So kommt das Licht herein.)
Leonard Cohen

„The only way out is through." (Der einzige Weg raus ist durch.)

5. MEINE EIGENE METHODE

Wie hilfreich Atemübungen wie die 4:6-Methode für mich sind, habe ich Ihnen beschrieben. In diesem Kapitel streife ich nun verschiedene Verfahren und stelle Ihnen meinen persönlichen Weg zur Entspannung vor. Wie schon erwähnt, bringe ich Ihnen in diesem Buch Entspannungstechniken unbelastet von weltanschaulichen oder religiösen Verknüpfungen näher, weil ich „Erleuchteten", welcher Ausrichtung auch immer, generell eher skeptisch gegenüberstehe und der Nutzen nicht davon abhängt. Bei meiner Methode kombiniere ich Elemente aus verschiedenen Bereichen. Ich habe mir ungeniert das herausgenommen, das für mich stimmt und mir guttut, es von Ballast befreit und ermuntere Sie ebenfalls dazu! Ich nutze das strukturierte Autogene Training und verwende Elemente der „Stressreduktion durch Achtsamkeit"[xxi] ebenso wie imaginative Verfahren und meditative Techniken. Meditation beziehe ich gerne mit ein und erachte sie unabhängig vom religiösen Hintergrund als wirksam und hilfreich. Imagination (könnte man im weiteren Sinne auch „Mentaltraining" nennen) mag ich sehr und nutze sie zu vielerlei Zwecken von allgemeiner Entspannung über Verhaltensänderungen bis zum Umgang mit Schmerzen. Positive Bilder zu entwickeln, den Geist zu sammeln und zu beruhigen, Akzeptanz zu finden und sich in Dankbarkeit zu üben hat viele wohltuende Auswirkungen, ob man es nun durch Meditation, ein stilles Gebet oder eine klassische Entspannungstechnik praktiziert. Rast und Einkehr tun gut, welches Etikett man auch immer verwenden will.

Mir ist es wichtig, dass die Entspannungstechniken, die ich anwende und weitervermittle, konkret, praktisch und gut fundiert sind! Zudem ist mir bewusst, dass die meisten Menschen viel beschäftigt sind und eine Zeitinvestition von einer Stunde und mehr pro Tag eher nicht realistisch ist. Die Methoden müssen alltagstauglich sein! Weniger ist manchmal mehr und eine entspannende Auszeit von zehn bis fünfzehn Minuten täglich kann schon viel ins Rollen bringen!

5.1 Überblick

Meditation[xxii] ist ein Bestandteil vieler verschiedener Kulturen und Religionen und nicht per se eine Entspannungstechnik, wenn sie auch als solche angewendet werden kann. Sie kann als Stille- und Ruhemeditation (z. B. Achtsamkeits- und Konzentrationsmeditation) oder als Aktiv-Meditation (Yoga, Qigong, Geh-Meditation, Kampfkunst, Tanz, aber durchaus auch beim Wandern und Joggen etc.) ausgeübt werden.

Meditation ist in letzter Zeit sehr im Trend, wobei solche Übungen westlichen „Wellness-Bedürfnissen" angepasst wurden. Meditation ist ein Weg zur geistigen Entspannung, Achtsamkeit und Konzentration. In der bekanntesten Form geht es darum, für eine Weile ungestört und ruhig zu sitzen, sich auf den Atem (oder einen Gegenstand) zu konzentrieren und die Gedanken, die unweigerlich auftauchen, ziehen zu lassen.

Autogenes Training[xxiii] ist die wohl bekannteste klassische (westliche) Entspannungstechnik, die speziell zur Übung der Entspannungsreaktionen (aus der Hypnose heraus) entwickelt wurde. Es besteht aus sechs Grundübungen, die Muskelentspannung, Atmung, Puls, Blutdruck und Verdauung positiv beeinflussen. Es ist eine von innen heraus, aus sich selbst heraus erzeugte Entspannung, eine konzentrative Selbstentspannung durch die eigene Vorstellungskraft; eines der Dinge, die ich am Autogenen Training am besten mag. Mithilfe von inneren Bildern und Formeln werden auf gedanklich-mentale Weise die verschiedenen körperlichen Stressreaktionen positiv beeinflusst und das vegetative Nervensystem auf „Entspannung" gestellt. Selber bevorzuge ich beim Autogenen Training die etwas modernere, schlanke Art gegenüber der streng klassischen Variante.

Imagination[xxiv] - die angeborene Fähigkeit, sich etwas vorstellen zu können - ist etwas Wunderbares! Mit unserer Vorstellungskraft können wir magische Welten entstehen lassen und die schönsten Dinge erleben. Wie wir unsere Gedanken leiten und unsere Vorstellungskraft nutzen, ist uns überlassen. Wir können uns in unterhaltsamen Tagträumereien verlieren oder uns tiefergehenden Bedürfnissen zuwenden und bewusst konkrete, realistische Handlungen visualisieren, die uns einem persönlichen Herzensziel Schritt für Schritt näherbringen. Im Gehirn emotionale und lebendige Bilder entstehen lassen, die entspannen, den Körper stärken, Linderung bringen, neue Kraft geben und Leichtigkeit verleihen. Horrorszenarien mit konstruktiven Bildern ersetzen, schwächende durch stärkende. Imaginative Verfahren sind aus der Welt der Entspannungstechniken und des mentalen Trainings, aber auch der Psychologie und Psychotherapie nicht mehr wegzudenken. Innere Bilder führen zu nachweisbaren Veränderungen im Körper.

Die bekannte Zitronenübung ist ein einfaches Beispiel: Wenn Sie sich intensiv und mit allen Sinnen vorstellen, wie Sie in einen saftig sauren Zitronenschnitz beissen, wird Ihnen mit grosser Wahrscheinlichkeit schon bald das Wasser im Mund zusammenlaufen! Wir produzieren den Speichelfluss rein über die Vorstellungskraft! Die Übung kann übrigens gut bei Mundtrockenheit vor einer Präsentation oder einem Vorstellungsgespräch durchgeführt werden.

Sich entspannen, dem chronischen Schmerz eine veränderbare Gestalt geben und ihn so besser erträglich machen, in sich selber einen jederzeit zugänglichen Ort der Ruhe finden, Blockaden lösen, seine sportlichen Leistungen steigern oder mit einer Angst auslösenden Situation einen besseren Umgang finden, die Einsatzmöglichkeiten von Imaginationsübungen sind vielfältig!

Wenn wir uns etwas vorstellen, laufen in unserem Gehirn fast die gleichen Prozesse ab, wie wenn wir es in Wirklichkeit erleben! In der Vorstellung an einen angenehmen Ort zu schlendern, den Duft des Waldes oder des Meeres zu geniessen löst ähnliche Reaktionen aus, als würden wir es real erleben. Bei weniger angenehmen Bildern funktioniert das leider genauso gut. Es ist ein bisschen wie beim Träumen. Aus erschreckenden Albträumen erwachen wir schweissgebadet und mit rasendem Puls und aus angenehmen Traumgefilden tauchen wir entspannt und mit einem glücklichen Lächeln im Gesicht auf!

Visualisieren allein reicht natürlich nicht, es braucht die Handlung und das Durchhaltevermögen, sonst wird aus einem Traum kein Ziel und aus dem Ziel nicht die Realität. Richtig eingesetzt, können innere Bilder auf dem Weg dorthin aber unterstützen. Am Schluss des Buches finden Sie ein paar Anregungen für Visualisierungsübungen. Die Möglichkeiten sind vielfältig und ich ermuntere Sie, Ihre eigenen zu entwickeln!

Wahrnehmung und Achtsamkeit[xxv]
Dabei übt man sich darin, seinen Körper, Emotionen und Empfindungen bewusst wahrzunehmen, ganz im gegenwärtigen Moment präsent zu sein, ohne - jetzt kommt der Knackpunkt - die Wahrnehmungen zu werten oder gleich weiterzuverarbeiten. Das kann helfen, mit Belastungen und Stress besser umzugehen und kluge Entscheidungen zu treffen. Ab und zu vom Automatik- in den Achtsamkeitsmodus zu schalten kann im Alltag auch zur Entschleu-

nigung und mehr Genuss beitragen. Idealerweise kommen wir so auch unseren Denkmustern auf die Spur und können neue, positive Grundannahmen für unser Leben entwickeln. Es geht darum, sich mit der aktuellen Situation anzufreunden; mit dem, was gerade ist und uns bewegt, und weniger Energie damit zu verlieren, gegen Unvermeidliches anzukämpfen. Es kann zudem entlastend sein zu erleben, dass Gefühle kommen und gehen können, ohne dass wir uns mit ihnen identifizieren oder darin verlieren müssen.

Eine Achtsamkeitsübung im klassischen Sinne, wie zum Beispiel einzelne Körperregionen in Gedanken abzutasten („Bodyscan"), hat kein bestimmtes Ziel, es geht nur um das Wahrnehmen von Körperempfindungen.

Auf der anderen Seite möchten wir manchmal gezielt einen Entspannungszustand herbeiführen, wie zum Beispiel beim Autogenen Training. Beides hat seinen Nutzen und ist kombinierbar.

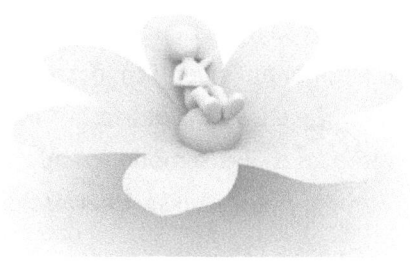

Und nicht immer müssen Sie sich für Achtsamkeits- und Entspannungsübungen in einen stillen Raum zurückziehen, vieles lässt sich in den Alltag integrieren.

Wenn Sie vom Parkplatz in den Betrieb spazieren und bewusst wahrnehmen, wie die Luft riecht, was Sie gerade hören und welche Farben Sie sehen, ist das Achtsamkeit im Alltag. In Ruhe einen Kaffee oder Tee geniessen und den Geschmack des Getränkes wahrnehmen, ohne am Smartphone zu kleben. Den Blick zum Fenster hinaus schweifen lassen und wirklich hinzuschauen, wie es draussen aussieht. In der Warteschlange eine Atemübung machen. Sich im Zug eine Farbe aussuchen und beim Vorbeiziehen der Umgebung beobachten, in welchen Schattierungen diese vorkommt. Simpel und einfach. Ich habe es zuerst für etwas naiv gehalten, als ich zum ersten Mal davon gelesen habe, aber auf diese Art ab und zu vom Automatik- in den Achtsamkeitsmodus zu schalten tut mir gut. Es kann auch dem Gefühl entgegenwirken, dass das Leben an einem vorbeirauscht.

So weit, so gut. Seine Emotionen und Empfindungen wahrzunehmen, das sagt sich auch so einfach. Und sind Gefühle und Emotionen eigentlich dasselbe? Der Gebrauch der Begriffe unterscheidet sich. Eine Definition geht davon aus, dass es Basisemotionen oder Urinstinkte - wie Liebe, Freude, Ärger, Angst, Überraschung, Trauer und Ekel - gibt, dass körperliche und gedankliche Reaktionen gekoppelt sind und Handlungen auslösen. Eine Emotion wird auch als körperliche Reaktion auf einen äusseren Reiz beschrieben und dass das Gehirn diese Reaktion dann als Gefühl verarbeitet. Eine andere Interpretation drückt es gerade umgekehrt aus: Wir nehmen ein Gefühl unmittelbar wahr und Emotionen seien dann eher das, was dabei herauskommt, wenn gedankliche Vorstellungen und mentale Vorgänge ins Spiel kommen. Das an und für sich spielt keine so grosse Rolle, wenn Sie mir diese unwissenschaftliche Betrachtungsweise verzeihen wollen, und ich verwende die Begriffe austauschbar.

Wirklich wichtig finde ich das differenzierte Betrachten! Zu erkennen und zu benennen, was es denn für ein Gefühl ist, das jetzt gerade auftaucht. Ist es zum Beispiel Ärger, Irritation, Scham, Erschrecken, Neid? Oder Erleichterung, Heiterkeit, Zufriedenheit, Stolz, Befriedigung? Gerade bei negativ wahrgenommenen Empfindungen fühlen wir ja manchmal nur ein diffuses Unbehagen, ohne es definieren zu können. Genauer „hinzufühlen" und einzuordnen kann helfen, angemessener zu reagieren oder es eben auch sein zu lassen und das Gefühl wieder von dannen ziehen zu lassen! Manche Empfindungen verschwinden wieder, so wie sie gekommen sind, und bedürfen keiner grossen Beachtung. Wenn ich beispielsweise weiss, dass ich schnell irritiert und leicht gereizt bin, wenn ich Hunger habe, muss ich diese Emotion nicht jedes Mal analysieren und kann sie vorbeiziehen lassen. Und anderenfalls in einem zweiten Schritt differenzieren, was ich jetzt aus diesem Gefühl mache. Mit welchen Wertungen, Erwartungen, Erfahrungen und Einstellungen verknüpfe ich es und was löst dies nun wiederum bei mir aus?

Ein Beispiel:
Ein Vorstellungsgespräch für eine Stelle, an der Sie sehr interessiert sind und für die Sie die nötigen Qualifikationen besitzen, ist gut verlaufen und Sie sind zuversichtlich, dass Sie die Stelle erhalten oder zumindest im Bewerbungsprozess eine Runde weiterkommen werden. Nun ist aber schon eine Woche vergangen, ohne dass Sie etwas von der Firma gehört haben. Ein Gefühl der Enttäuschung und Unsicherheit macht sich immer mehr in Ihnen breit. Sie gehen das Gespräch in Gedanken noch einmal akribisch durch. Wie sind Sie wohl rübergekommen? Sind Sie vielleicht nicht selbstbewusst aufgetreten oder war die Bewerbung nicht kreativ genug? Wahrscheinlich war jemand anderer halt wieder besser, jünger/älter, hatte noch eine Weiterbildung mehr vorzuweisen oder sich einfach mit mehr Dreistigkeit verkauft! Haben Sie zu hoch gegriffen und finden sich besser damit ab, an der jetzigen Stelle zu bleiben, auch wenn Ihre Fähigkeiten da nicht geschätzt

werden? Ihre Gedanken drehen sich immer mehr im Kreis und schon bald sind Sie in einem Strudel von Selbstzweifeln und Ängsten gefangen und würden am liebsten das Handtuch werfen und alles hinschmeissen.

In solchen Situationen kann man sich verlieren oder aber zu der Erkenntnis kommen: „Glaube nicht alles, was Du denkst!" Sich solcher Prozesse bewusst zu werden hilft vielfach schon, sie zu unterbrechen und anders damit umzugehen. Zu realisieren, dass das Gefühl von Unsicherheit und Enttäuschung sich breitmacht, um bei dem Beispiel zu bleiben, und das erst mal wahrzunehmen und zuzulassen. (Was stellen sich dabei für körperliche Reaktionen ein?) Das Gedankenkarussell anzuhalten und der Negativspirale Einhalt zu gebieten. Und dann zu entscheiden, ob jetzt der Zeitpunkt gekommen ist, bei der Firma nachzuhaken, nachdem Sie sich Ihre Fähigkeiten, Ziele und Werte noch einmal vor Augen geführt haben.
Und wenn es dann schlussendlich doch zu einer Absage kommt? Die Frage nach dem „Warum?" hilft dann meistens nicht. Von der Firma werden Sie wohl keine authentische, ehrliche Antwort bekommen („der andere Bewerber hat noch besser zum Profil gepasst"), und sich selber diese Frage zu stellen führt Sie wahrscheinlich in die bereits beschriebene Negativspirale. Die Gefühle der Enttäuschung und Traurigkeit anzunehmen, nicht zu verleugnen

und nicht schönzureden und sich in einem nächsten Schritt hilfreichere „Was-, Wofür- und Wozu-Fragen" zu stellen, könnte die konstruktivere Variante sein.

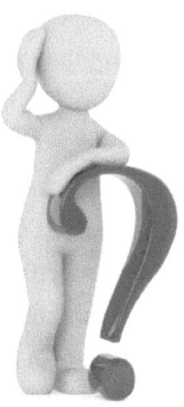

Zum Beispiel: „Wofür könnte es gut sein, dass ich die Stelle nicht bekommen habe? Wofür könnte mir die ganze Erfahrung nützlich sein? Was könnte ich bei der nächsten Bewerbung anders machen?" Erlauben Sie sich in diesem Prozess die nötige Zeit, bis Sie nach der Enttäuschung zu solchen Fragen bereit sind.

Dankbarkeit[xxvi]

Den Morgen bewusst mit einem dankbaren Gedanken zu beginnen macht nicht nur den Start in den Tag angenehmer, sondern kann dazu beitragen, positive Gefühle zu verstärken, und damit zu einer optimistischeren Haltung und mehr Resilienz verhelfen.[xxvii] Eine Atempause oder Meditation lässt sich gut mit einer dankbaren Betrachtung verbinden. Dankbarkeit für grosse und kleine Dinge, für alles, was wir haben, Dinge, die gut laufen, und Ziele, die wir schon erreicht haben. Dankbarkeit für Menschen, die uns helfen und unterstützen. Dankbarkeit für die Schönheit und Wunder der Natur!

Wir nehmen viele Dinge als selbstverständlich hin und vergessen im Alltag manchmal die Wertschätzung für alles Gute und Schöne im Leben. Dankbarkeit zu empfinden ist nicht nur „moralisch" gut, sondern kann auch zu unserem Glücks- und Zufriedenheitsgefühl im Leben beitragen. Um es abzugrenzen: Echte Dankbarkeit hat nichts mit einer Verpflichtung zu tun, es geht nicht darum, eine Freundlichkeit erwidern oder gar eine Schuld begleichen zu müssen. Wir gewöhnen uns schnell an gute Dinge und Dankbarkeit hilft dabei, die Freude darüber frisch zu halten! Wenn wir uns daran erinnern, was uns andere Menschen schon Gutes getan haben, steigert das sogar das Selbstbewusstsein und Dankbarkeit hilft, mit Stress und Belastungen besser umzugehen. [xxviii]

Die Übung der Achtsamkeit widerspricht in meinem Verständnis nicht dem bewussten Praktizieren von Dankbarkeit (das ja etwas mit „bewerten" zu tun hat, während es bei der Achtsamkeit um das „nicht werten" geht). Ich sehe für beides seinen eigenen Sinn und Platz.

„Man kann nicht dankbar und unglücklich zugleich sein."

5.2 Übungsablauf

Nun will ich Ihnen aber ganz praktisch beschreiben, wie eine **Entspannungsübung** ablaufen kann. Übrigens können Sie es auch „**mentales Training**" nennen, wenn Ihnen der Begriff besser gefällt. Den kennen wir ursprünglich eher aus dem Sportbereich, er passt aber auch hier gut.

Wichtig! Bitte beachten Sie, dass dies keine allgemein gültige Anleitung ist und ich nur davon berichte, was mir selber guttut. Ich empfehle, solche Übungen anfänglich mit einem Coach durchzuführen, so wie ich es auch als sinnvoll erachte, das Autogene Training oder andere Entspannungsmethoden unter fachgerechter Anleitung zu erlernen! Wenn Sie sich nicht sicher sind, ob eine Methode für Sie geeignet ist, konsultieren Sie bitte eine medizinische/psychologische Fachperson.

Präsenz (Sinne, Körper, Gedanken)

Ich richte mich auf einem bequemen Stuhl ein, mache es mir gemütlich. Sitze aufrecht und entspannt, Schultern weg von den Ohren, Hände auf den Oberschenkeln, Beine etwa hüftbreit, Füsse auf dem Boden. Manchmal sitze ich auch im Schneidersitz auf dem Sofa oder mache die Übungen liegend, also ganz nach Belieben. Es ist wichtig, eine bequeme Position zu finden, ich halte nichts davon, in unbequemen Haltungen zu verharren.

Ich schliesse die Augen und richte die Aufmerksamkeit auf meinen Atem, nehme bewusst wahr, wo ich ihn spüre und wie er durch meinen Körper fliesst. Ich lasse meinen Bauch beim Einatmen rund und gross werden und beobachte, wie er sich beim Ausatmen wieder zurückzieht. Ich spüre, wo mein Körper mit der Sitz- oder Liegefläche in Berührung ist, und gebe Gewicht ab. Beim Ausatmen mache ich meinen Körper weich und warm und schwer, behalte dabei aber einen „kühlen Kopf". Ich tue dies, indem ich ein Bild abrufe, das ich mir dazu entwickelt habe, und mir in Gedanken sage, dass „Arme und Beine angenehm schwer und warm" und „Kopf/Stirn angenehm kühl und leicht" sind (Elemente aus dem Autogenen Training). Nun richte ich meine Wahrnehmung auf das, was ich gerade höre, rieche, schmecke und/oder wie sich etwas anfühlt, wie zum Beispiel die Kleidung auf meiner Haut oder das Gewicht der Decke auf meinem Körper. Ich öffne nochmals meine Augen, schaue meine Umgebung einen Moment lang aufmerksam an und schliesse die Augen dann wieder. Mich auf Sinnesempfindungen zu konzentrieren hilft mir, ganz im gegenwärtigen Moment präsent zu sein.

Nach den Sinnesempfindungen richte ich meine Aufmerksamkeit darauf, welche Körperempfindungen ich gerade spüre, ohne sie zu werten. Ich gehe dazu in Gedanken von Kopf bis Fuss (umgekehrt geht auch) durch meinen ganzen Körper und nehme wahr, was ich spüre. Es kann hilfreich sein, sich dabei vorzustellen, in Gedanken sanft über den betreffenden Körperteil zu streichen oder dorthin zu atmen. Ich sende dann mit meinem Atem den Gedanken an Leichtigkeit, angenehme Wärme/Kälte und Entspannung an die Stellen im Körper, die das gerade besonders nötig haben. Mit ein bisschen Übung klappt das ganz gut!

Um die Präsenz im gegenwärtigen Moment zu vervollständigen, achte ich jetzt bewusst darauf, welche Gedanken ich gerade habe, und lasse sie dann wieder ziehen. Wann immer ich bei der Übung abschweife oder mich in Überlegungen verliere (und das ist völlig in Ordnung, normal und passiert fast immer), lenke ich meine Aufmerksamkeit sanft wieder zurück auf meinen Atem.

Nun atme ich ein paar Minuten im 4:6-Rhythmus und zähle dabei in Gedanken von 1 auf 10 (= Konzentrationsmeditation) und stelle mir dazu bei jedem Ausatmen die entsprechende Zahl wie auf einer Leinwand vor. Wenn ich den Faden verliere, fange ich wieder bei 1 an, und wenn ich bei 10 bin, wiederhole ich das Ganze nochmals. Das mit dem Zählen mache ich meistens, wenn ich merke, dass meine Gedanken häufig abschweifen, manchmal atme ich nur mit der 4:6-Technik oder beobachte meinen Atem einfach.

Imagination

Nach der mehr oder weniger ausführlichen Einleitung über Präsenz und Atem mache ich häufig eine „Schmerzübung" oder nehme in Gedanken eine „Energiedusche" (siehe Anhang).
Häufig geniesse ich einfach die Entspannung für eine Weile, verweile in Gedanken an meinem Wohlfühlort. Beobachte, was so abläuft, was passiert oder auch nicht passiert.

Haltung

Ich beende die Übung mit einem schönen, dankbaren und/oder zielgerichtet freundlichen Gedanken. Der Grundsatz der Akzeptanz, Dankbarkeit und des realistischen Optimismus beschränkt sich idealerweise nicht nur auf die Dauer der Übung. Er zieht sich als hilfreiche Haltung durch den Alltag und das Leben und wenn es damit mal nicht klappt, ist es auch okay.

Wichtig! Danach bitte nicht gleich aufspringen, sondern zuerst den Kreislauf aktivieren, besonders wenn Sie zu tiefem Blutdruck neigen. Das können Sie tun, indem Sie sich recken und strecken, kräftig über die Arme reiben, Zehen und Füsse bewegen etc. Je nach Möglichkeiten, Lust und Laune und Zeit kann eine Übung 10 Minuten dauern oder auch mal eine Stunde!

Das Ziel einer jeden Entspannungsübung ist es, einen anderen Bewusstseinszustand zu erreichen, von leichter bis zu tiefer Entspannung, wobei das überhaupt nichts Exotisches ist. Wir kennen alle das Phänomen der „Alltagstrance", wenn wir zum Beispiel so in eine Tätigkeit vertieft sind, dass wir gar nichts mehr von dem wahrnehmen, was um uns herum passiert. Kinder können das noch besonders gut. In einem solch entspannten Zustand wird auch unsere Kreativität geweckt und wir finden leichter neue Lösungswege und Ideen.

Bei dieser Methode geschieht natürlich nicht jedes Mal ein Wunder - das kommt erst später. Nein, im Ernst, ich möchte meine eigens kreierten Übungen nicht mehr missen und mache dabei immer wieder neue Entdeckungen!

5.3 Zusammenfassung

Entspannungstechniken geben mir die Möglichkeit, aktiv etwas für meine Gesundheit und mein Wohlbefinden zu tun! Sie unterstützen mich dabei, Akzeptanz, Klarheit und innere Ruhe zu finden und meine eigenen Kräfte zu aktivieren, ganz ohne irgendwelche „Zaubermittel". Ich bevorzuge einfache, nachvollziehbare und effektive Übungen und kombiniere und variiere die verschiedenen Elemente nach Lust und Laune!

Der Ablauf kann wechseln, ich beginne aber immer mit der Atementspannung und der Präsenz im Augenblick. Ich führe nicht immer eine vollständige Übung durch, sondern nutze einzelne Elemente und nehme es leicht und locker! Schon nur fünf Minuten ruhig zu sitzen und nichts zu tun, ausser bewusst zu atmen, kann als kleine Auszeit Gutes bewirken und den Stresslevel deutlich senken. Solche Atempausen gönne ich mir täglich! Der Atem steht im Zentrum, ich komme immer wieder darauf zurück und er dient mir als Anker! Einerseits lenke ich meine Aufmerksamkeit bewusst auf den Atem und beobachte, wie er fliesst, andererseits wende ich manchmal die 4:6-Technik an. In der Zwischenzeit habe ich viele meiner hilfreichen Übungen so verinnerlicht, dass ich nicht mehr jedes Mal bewusst entscheide, welchen Ablauf ich nun wähle, und es einfach geschehen lasse. Sie sind so in meinen Alltag integriert, dass sie zu einem Teil meines Lebens geworden sind und ich sie immer weniger bewusst üben muss.

Erweiterungen
Meine Methode ergänze ich mit den im nächsten Kapitel beschriebenen „Erweiterungen", die nützlich und im Alltag einfach anzuwenden sind!

Federwolken - Methode

PRÄSENZ

Sinne
Körper
Gedanken

HALTUNG

Akzeptanz
Dankbarkeit
Realistischer Optimismus

ATEM

IMAGINATION

Energie
Schmerz
Verhalten

ERWEITERUNG

Haltung
Mimik
Ausdruck
Struktur

©Patricia Stutz

6. WAS SONST NOCH GUTTUT UND ENTSPANNT – UND WARUM WIR ES TROTZDEM NICHT TUN

Lächeln Sie! Halten Sie sich aufrecht! Summen Sie ein Lied! Räumen Sie den Kleiderschrank auf! Okay, solche banalen Empfehlungen sind jetzt aber nicht ernst gemeint, oder?

In meiner Kinder- und Jugendzeit gab es diese „Poesiealben", die gab man in der Klasse oder im Freundinnenkreis der Reihe nach herum und jedes Mädchen (ich glaube sogar, dass Jungs zu ihrem Leidwesen auch mitmachen mussten) zeichnete oder klebte etwas hinein und schrieb einen Spruch dazu. Da standen dann nebst hingekritzelten Wünschen wie „Lebe glücklich, lebe froh, wie die Maus im Haferstroh!" auch tiefgründigere Erkenntnisse wie „Wer Gutes tut, hat frohen Mut!" oder das ausführlichere „Willst Du glücklich sein im Leben, trage bei zu and'rer Glück, denn die Freude, die wir geben, kehrt ins eigene Herz zurück!". Leider habe ich kein solches Album aufbewahrt, aber ich erinnere mich an Klassiker wie „Froh zu sein bedarf es wenig, und wer froh ist, ist ein König!" oder „Mach es wie die Sonnenuhr, zähl die heit'ren Stunden nur!". Oder im Rückblick auf das damalige Frauenbild doch eher kritisch zu betrachten: „Sei wie das Veilchen im Moose, sittsam, bescheiden und rein und nicht wie die stolze Rose, die immer bewundert sein will". Da fragt man sich dann nicht mehr, warum es einem als Frau so schwergefallen ist, ein gesundes Selbstbewusstsein zu entwickeln. Schön auch: „Was auch kommen mag: Sei ohne Sorgen! Nach jeder Nacht kommt ein neuer Morgen!"

Erst mit fortschreitender Lebenserfahrung habe ich entdeckt, dass in solchen vermeintlich naiven Sprüchen und anderen „Kalenderweisheiten" grundlegende und zeitlose Weisheiten verborgen sind. Auch wenn sie tatsächlich auf Kalendern oder etwas bemüht inspirierenden Kärtchen und Bildchen daherkommen. Ich habe bis heute eine Schwäche für solche Sprüche, kitschige Verse und tiefsinnige Gedichte, verschone Sie jetzt aber mit weiteren Beispielen.

Also, schauen wir uns das mit den vermeintlich banalen Empfehlungen doch ein bisschen näher an!

6.1 Einfache und nützliche Erweiterungen

Lachen und Lächeln

Lachen ist gesund oder Humor ist die beste Medizin, weiss schon der Volksmund. Es gibt die Wissenschaft vom Lachen, die Gelotologie, die die positiven Effekte bestätigt! Sogar Lach-Yoga und Lachtherapie existieren. Lachen oder Lächeln sind Ausdruck von Heiterkeit und wirken sich positiv auf Körper und Seele aus. Manchmal bleibt uns auch nichts anderes übrig, als über die Absurdität des Lebens zu lachen und sich selber nicht zu ernst zu nehmen! Beim Lachen sind insgesamt über hundert Muskeln beteiligt, von der Gesichts- bis zur Atemmuskulatur. Beim Lachen atmen wir deutlich tiefer als sonst und das wirkt sich positiv auf den ganzen Körper aus. Die Körperzellen werden mit mehr Sauerstoff versorgt, die Muskeln entspannt,

Herz und Kreislauf positiv angeregt, der Blutdruck gesenkt. Zudem wird die Produktion der Stresshormone Adrenalin und Cortisol vermindert und Endorphine freigesetzt, die schmerzlindernd wirken. Und beim Lachen wird das „Glückshormon" Serotonin ausgeschüttet. Wer viel lacht, fühlt sich also besser.

Diese Erkenntnisse sind jetzt nicht total überraschend, aber was ist denn, wenn der Lebensalltag gerade schwierig ist und einem überhaupt nicht zum Lachen zumute ist?

Wichtig! Sollten Sie nicht in der Lage sein, Freude und Dankbarkeit zu empfinden, und unter anhaltender Niedergeschlagenheit, Antriebslosigkeit und/oder anderen psychischen Problemen leiden, konsultieren Sie bitte eine medizinische Fachperson, vertrauen Sie sich Ihrem Umfeld an oder rufen Sie die Dargebotene Hand unter der Telefonnummer 143 an!

Die „**Facial-Feedback-Hypothese**"[xxix] geht davon aus, dass die Bewegung der Gesichtsmuskeln einen Einfluss auf das Erleben von Gefühlen hat und die Aktivierung der Lachmuskulatur die Stimmung aufhellen kann. Wir lächeln, wenn wir fröhlich sind, es funktioniert aber auch umgekehrt, das heisst, Lächeln kann unsere Stimmung verbessern!

Anspannung und Stress, aber auch starke Konzentration zeichnen sich häufig auf unseren Gesichtern ab. Der Ausdruck wirkt dann eher grimmig, wir ziehen die Augenbrauen zusammen und die Kiefermuskulatur ist angespannt, weil wir die Zähne zusammenbeissen. Wenn Sie schon einmal versehentlich Ihre Smartphone-Kamera im „Selfie-Modus" aktiviert haben, wissen Sie vielleicht, wovon ich spreche. Ich jedenfalls bin dann manchmal schon sehr erschrocken - Hilfe, wer ist denn diese ältere, fremde Person, die so griesgrämig in die Linse blickt?

Es ist natürlich möglich, Gefühle zu empfinden und dabei keine Miene zu verziehen (Pokerface). Emotionen spiegeln sich aber meistens ganz offensichtlich und unwillkürlich im Gesichtsausdruck wider. Bereits im 19. Jahrhundert stellten sich Forscher die Frage, ob Gefühle umgekehrt auch ein Resultat unserer Mimik sein können, und kamen zum Schluss, dass die Intensität von Gefühlen durch das Fördern oder Hemmen eines Gesichtsausdrucks beeinflusst werden kann. Klar, einfach nur zu lächeln löst auch keine Probleme, aber als Ergänzung in einem entsprechenden Prozess oder Gewohnheit im Alltag kann es durchaus unterstützend wirken! Dass sich Lächeln positiv auswirkt, ist naheliegend, aber es gibt offenbar sogar Hinweise, dass das Nervengift Botulinumtoxin („Botox") bei

Depressionen hilfreich sei, weil man damit den „Stirnrunzlermuskel" hemmen könne, was wiederum einen günstigen Einfluss auf die Stimmung habe.[xxx] „Ach nein, es geht mir gar nicht ums Aussehen, ich mache das nur wegen meiner depressiven Verstimmungen", könnte also eine neue und nicht ganz abwegige Begründung für eine solche Behandlung sein.

Zum Lächeln gibt es ein bekanntes Experiment[xxxi], bei welchem die Probanden Comics signifikant lustiger fanden als die Versuchspersonen einer Kontrollgruppe, wenn sie während des Betrachtens einen Stift zwischen den Zähnen hielten, was die gleichen Muskelpartien aktiviert wie ein echtes Lächeln.

Es würde wohl als etwas schrullig empfunden werden, mit einem Bleistift zwischen den Zähnen durch die Gegend zu laufen, aber es ist eine gute Idee, im Alltag gelegentlich bewusst auf Gesichtsausdruck und Körperhaltung zu achten und diese, wenn nötig, zu ändern!

Denn auch das mit der Haltung funktioniert nach dem gleichen Prinzip! Die Sozialpsychologin und Harvard-Dozentin Amy Cuddy konnte in einer Studie[xxxii] zeigen, dass durch **„Power-Posing"**[xxxiii] der Cortisol-Level sinken und der Testosteron-Anteil steigen kann, das heisst, Stressgefühle werden reduziert und die Selbstsicherheit gefördert. Mit Power-Posen sind Körperhaltungen gemeint, die wir automatisch einnehmen, wenn wir uns siegesgewiss und selbstsicher fühlen. Also aufrichten, Rücken durchdrücken und Brust raus. Schultern nach hinten, evtl. Hände in die Hüften oder gestreckt nach oben.

„Fake it 'til you make it!" Sie wollen sich fröhlicher fühlen? Dann verhalten Sie sich fröhlich! Sie wollen selbstbewusster wirken? Dann verhalten Sie sich selbstbewusst!
Der englische Spruch bedeutet, „so tun, als ob", bis man es dann wirklich geschafft hat oder etwas wirklich kann! Und es beinhaltet die Hypothese, dass man beim „so tun, als ob" die gewünschte Charaktereigenschaft mit der Zeit tatsächlich annimmt.

Die möglichen Gefahren einer solchen Haltung drängen sich einem geradezu auf, aber hier erst mal ein positives Beispiel: Viele kompetente Menschen fühlen sich unsicher und gehemmt, wenn sie einen Vortrag halten sollen, obwohl sie wissen, dass sie in dem Thema sattelfest sind und etwas zu sagen haben. In solchen Situationen kann es - nebst anderen Mitteln - wirklich helfen, einfach mal „so zu tun, als ob". Vor dem Vortrag mit strahlendem Lächeln verschiedene selbstsichere, freche Posen einzunehmen, auch wenn es einem etwas künstlich und übertrieben erscheinen mag! (Auch über sich selber lachen zu können entspannt!) Mit einer kompetenten, selbstbewussten

Körperhaltung und einem sympathischen Gesichtsausdruck werden wir bei einer Präsentation auch eher so wahrgenommen und fühlen uns besser!

An dieser Stelle erwähne ich gerne, dass sich solche Übungen und das achtsame Wahrnehmen von Gefühlen - auch sogenannten negativen - gegenseitig nicht ausschliessen. Und natürlich geht es nicht darum, unangenehme Gefühle einfach „wegzulächeln" oder „wegzuposen". Eine differenzierte Wahrnehmung hilft beim Einordnen von Empfindungen und dabei, die passende Handlung zur richtigen Zeit zu wählen. Manchmal besteht die eben aus Lächeln und bewusst selbstsicherer Haltung!
Vielleicht ist Ihnen aufgefallen, dass ich im obigen Beispiel von „kompetenten" Menschen gesprochen habe, die

manchmal in gewissen Situationen zu Unsicherheit neigen. Auf der anderen Seite kennen wir wohl alle das Gegenteil - Menschen, die das „so tun, als ob" aus dem Effeff beherrschen! Inkompetente Menschen, die vor Selbstbewusstsein nur so strotzen und sich der eigenen Unfähigkeit nicht bewusst sind. Für dieses Phänomen gibt es sogar einen Begriff, es nennt sich „Dunning-Kruger-Effekt".[xxxiv] Wenn dann noch ein bisschen Glück oder viel Geld dazu kommt, ist das wiederum eine Bestärkung für solche Menschen und bestätigt sie in ihrer masslosen Selbstüberschätzung. Das funktioniert manchmal erstaunlich gut und bis in die allerhöchsten Ebenen. Ich weiss, da müssen wir alle nicht lange nach Verkörperungen suchen!

Das richtige Mass ist wieder einmal gefragt - weder übertreiben noch hochstapeln, sich aber auch mal ganz frech was getrauen oder „faken"!

Wenn die Folgen von Dauerstress schon weit fortgeschritten sind, könnte die Empfehlung zu lächeln, natürlich zynisch wirken, aber präventiv gesehen geht mit einem Lächeln vieles leichter! Es kann offenbar sogar die Leistung beim Laufen verbessern![xxxv] Nicht dass mich das jetzt dazu veranlassen würde, für einen Marathon zu trainieren, aber es ist schon erstaunlich!

Bevor ich mich also aus nichtigen Gründen von einer kleinen Befindlichkeitsstörung in eine schlechte Laune hineinziehen lasse, die zu einer Negativspirale führt, lächle ich lieber! Wer im Alltag häufiger lacht, kommt mit stressreichen Ereignissen besser zurecht, das heisst, die Stressreaktionen fallen milder aus![xxxvi] Ich habe schon häufig erlebt, dass ein bewusst aufgesetztes Lächeln zu einem echten geworden ist. Gelegentlich zu lächeln, gerade wenn einem nicht danach zumute ist, ist eine einfache, im Alltag sehr hilfreiche Gewohnheit! Und ich erschrecke nicht mehr so leicht, wenn ich unvorbereitet in die Selfie-Kamera schaue!

Mit einem Lächeln wirken wir auch sympathischer, was wiederum positive Rückkoppelungen ergibt! Notfalls schauen Sie sich lustige Katzenvideos an, bevor Sie sich zur nächsten virtuellen Konferenz hinzuschalten.

Singen und Summen

Singen ist gesund für Körper und Seele.[xxxvii] Es entspannt und macht die Muskeln lockerer, wirkt stresslindernd und hebt schnell die Laune. „Aber ich kann doch gar nicht singen!", werden Sie vielleicht einwenden. Nun, ich kann auch nicht speziell „schön" singen, habe aber die heilsame

Kraft von Stimmübungen nach einer Operation an den Stimmlippen entdeckt. Seitdem summe ich jeden Tag zumindest ein paar Töne, meistens am Morgen und manchmal tatsächlich unter der Dusche. Es ist einfach und effektiv. Natürlich können wir ein Lied singen, aber auch lediglich bewusst ein paar Töne zu summen wirkt sehr entspannend und hebt die Laune. Summen und Singen verbessern automatisch die Atmung. Ich verbinde dies manchmal mit der 4:6-Technik und atme auf „6" summend aus. Ohne darüber nachzudenken, summen wir gelegentlich einfach so vor uns hin oder singen mehr oder weniger laut (oder auch nur im Kopf) einen Hit, der beim Radiohören hängen geblieben ist. Es tut der Seele gut, falls es sich nicht gerade um einen nervigen Song handelt, der uns dann den ganzen Tag begleitet.

Die heilsame Wirkung von Musik und Klängen wird in der Musiktherapie angewendet und hat mit der Ausschüttung von Glückshormonen zu tun. Beim Singen wird zum Beispiel Oxytocin freigesetzt. Das „Kuschelhormon", das auch zwischenmenschliche Bindungen festigt, verhilft zu einem stärkeren Immunsystem, herabgesetzten Schmerzempfinden und Glücksgefühlen. Stresshormone werden praktischerweise gleich mit abgebaut. Einen ersten Effekt gibt es bereits, wenn man ein paar Minuten pro Tag lange Vokale vor sich hin singt.[xxxviii] Schon diese Form des Singens verbessert die Atmung und damit die Sauerstoffversorgung.

So seltsam das klingt: Wenn Sie richtig im Stress sind, summen Sie irgendein Lied. Wissenschaftlern zufolge sind es die Vibrationen der Stimmbänder, die besänftigend wirken und die Nerven beruhigen. Hinzu kommt sicher auch die Assoziation, die wir mit dem Summen haben: Man summt, wenn man sich ruhig, sicher und zufrieden fühlt. Umgekehrt ruft das Summen diese Gefühle unwillkürlich mit hervor. Wie beim Lächeln und der Körperhaltung.

Ordnung schaffen

Das ist eines meiner Lieblingsthemen, ich überlege sogar, meine Dienste als „Aufräum-Coach" anzubieten! Es ist schon vorgekommen, dass ich in meinem Umfeld damit aufgezogen worden bin, weil im Haus immer alles aufgeräumt ist und jedes Ding seinen Platz hat. Und nein, es ist nicht mein Ehemann, der darüber gutmütige Witze macht, er mag es zum Glück ebenso ordentlich und gut organisiert wie ich und hat auch nicht gerne unnötigen Krimskrams und Staubfänger herumstehen. Aber ich muss an dieser Stelle gestehen, dass es schon vorgekommen ist, dass wir beide etwas nicht mehr gefunden haben, weil es Böxchen in Box so gut verstaut war.

Einen Schrank aufzuräumen tut gut! Unnötiges und nicht mehr Gebrauchtes zu entsorgen entlastet! Dinge zu ordnen ist befriedigend und entspannt! Ich ordne dabei nicht nur die Kommode oder ein anderes Aufbewahrungsmöbel, sondern immer auch mein Leben. Mit dem Sichten von alten Kleidungsstücken lasse ich Vergangenes Revue passieren, kann dabei reflektieren und so manches abschliessen. Vielleicht möchten Sie sich der Methode von Marie Kondo[xxxix] bedienen und nach Kategorien entrümpeln. Also zuerst alle Kleider, Taschen und Schuhe, dann

Bücher, Unterlagen und Dokumente, darauf folgen Haushaltsutensilien und Kleinkram und am Schluss Erinnerungsstücke. Sie rät unter anderem, zuerst alle Dinge einer Kategorie auf einen Haufen zu legen, damit man auch sehe, was sich alles angesammelt hat und schlussendlich nur das zu behalten, was Freude macht („sparks joy"). Jedes Ding erhält anschliessend seinen Platz und kommt immer wieder dorthin zurück, wenn es gebraucht wurde. Ja, das braucht Zeit, aber sie verspricht, dass man danach nie mehr aufräumen müsse. Auch wenn Sie auf herkömmliche Weise vorgehen und Schrank für Schrank oder Zimmer für Zimmer entrümpeln, ist der Effekt ähnlich!

Ich habe die Erfahrung gemacht, dass mich Aufräumen nebst dem eigentlichen Ballast auch von gedanklichem Müll befreit! Das kann man sogar auf das Putzen ausdehnen. Selbstreinigung beim Schrubben und Staubsaugen sozusagen. Gedanken können ungehindert kommen und gehen, ich kann nachdenken und auch innerlich etwas in Ordnung bringen. Das kann wie eine Meditation wirken und hat erst noch den Vorteil, dass danach sogar die Küche wieder blitzblank ist.

In einem Schrank Platz zu machen für Neues (oder etwas leer zu lassen) kann auch im Leben Energien freisetzen.

Beim Aufräumen kann ich üben, was auch im Leben wichtig ist. Prioritäten setzen, Entscheidungen treffen, Abschied nehmen. Und so spiegelt sich für mich ein geordnetes, friedliches und entspanntes Innenleben auch im Äusseren wider! Eine „Ramschschublade" liegt ja immer noch drin, aber ich weiss dann wenigstens, wo sie ist, sei es im Innenleben oder im Haushalt. Aufräumen bedeutet immer eine Standortbestimmung, ein Reflektieren! Es bringt Ruhe, Übersicht und Ordnung nicht nur in den Schrank, sondern auch ins Leben. Struktur ist wichtig - im Tag - im Haus - im Leben. Sie erkennen unschwer, dass ich ein grosser Fan eines aufgeräumten, überblickbaren und auf die wichtigen Dinge reduzierten Hauses bin!

Natürlich habe ich dadurch inzwischen nur noch wenig aufzuräumen, aber zwischen Weihnachten und Neujahr ist für mich traditionellerweise die passende Zeit, zu reflektieren und Schränke zu durchforsten - nebst dem Feiern von Familientraditionen und dem Essen von Weihnachtsgebäck natürlich. Das ist fast so befriedigend, wie im Vorratsraum Gläser von selbst gemachtem Gelee in Reih und Glied zu stellen. Das Aufräumen muss sich nicht nur auf Schränke oder physische Dinge beziehen. Laptop und andere Geräte mit digital abgespeichertem Material müssen genauso daran glauben! Etwas aufzuräumen gibt das gute Gefühl, ein Ziel erreicht zu haben, und verschafft dadurch auf einfache Art ein Erfolgserlebnis! Und wenn es zu Beginn auch nur eine Schublade ist, die wir geordnet haben - kleine Dinge können andere Dinge auslösen und etwas ins Rollen bringen, auch innerlich!

Klar, ein bisschen Unordnung ist menschlich und macht einen nicht zum Messie und allzu aufgeräumt kann steril wirken. Ich schreibe das jetzt, weil ich diese Aussage theoretisch richtig finde, aber in Tat und Wahrheit habe ich es trotzdem lieber aufgeräumt.

Zuletzt noch ein hilfreicher, kleiner Tipp zu „Entspannung und Achtsamkeit im Alltag". Kennen Sie die „Angela-Merkel-Raute"?

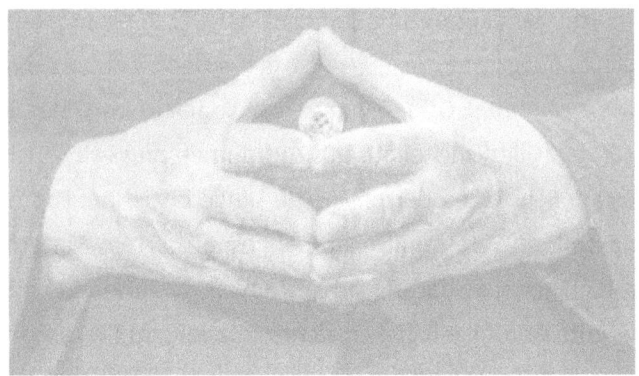

Es gibt dazu die verschiedensten Interpretationen.[xl] Persönlich glaube ich eher nicht, dass Frau Merkel damit einen geheimen Code der „Illuminati" benutzt oder etwa ihre Hinwendung zu einer hinduistischen Göttin ausdrücken will. Sie selber sagt zu der Bedeutung der Geste offenbar lediglich, dass sie ihr bei einem Fotoshooting von einer Fotografin empfohlen wurde und dabei helfe, den Rücken gerade zu halten, und eine gewisse Symmetrie beinhalte. Die Geste vermittelt Ruhe und Gelassenheit und tut gut. Das sanfte Aufeinanderlegen der Fingerspitzen kann als schöne und unauffällige Übung dazu beitragen, sich zu entspannen und zu konzentrieren. Fühlen Sie den Puls in den Fingerspitzen? Verbinden Sie es mit einer Atemübung und richten Sie Ihre Achtsamkeit auf jeden einzelnen Finger oder jedes Fingerpaar und halten Sie kurz inne.

Was tut Ihnen sonst noch gut und entspannt Sie?

6.2 Ziele erreichen

Und warum ist es denn manchmal so, dass wir zwar ein Ziel anpeilen oder „gute Vorsätze" haben, es aber nicht schaffen, das Gewünschte tatsächlich zu erreichen?

Ob es sich nun darum handelt, eine Entspannungstechnik zu üben, die oben erwähnten Tipps tatsächlich auszuprobieren, ab sofort Sport zu treiben und sich gesund zu ernähren, abzunehmen, sich weiterzubilden und beruflich neu zu orientieren und dergleichen mehr. Es gibt ja sonst noch so viel zu tun und es kommt immer etwas dazwischen, oder? Man möchte ja schon, aber ... Man schafft es einfach nicht, sogar wenn man weiss, dass es einem „eigentlich" guttun oder einen auf dem weiteren Weg unterstützen würde. Das kennen wir wohl alle.

Es kann helfen, wenn ich zuerst hinterfrage, ob ein Ziel **wirklich** mein Ziel ist - und ob es wirklich **mein** Ziel ist! Machen wir etwas nur, weil es „die Gesellschaft" oder unser Umfeld (unausgesprochen) von uns fordert, es gerade angesagt ist oder wir meinen (nicht nur äusserlich), einem gewissen Bild entsprechen zu müssen? Die Karriereleiter hochsteigen oder mehr Zeit mit der Familie verbringen? Ein hohes Amt bekleiden oder mehr Luft und Spielraum im Leben haben? Eine eigene Firma gründen oder doch lieber mehr Freizeit und Zeit fürs Hobby haben? Es sind Grundsatzentscheidungen, die wir zuerst treffen müssen. Wie viel „Selbstoptimierung" braucht es? Ist womöglich ein durchschnittliches, bescheidenes Leben ohne hochgesteckte Ziele auch gut genug? Sogar zufriedenstellender? Wie finde ich überhaupt mein Ziel, wenn ich doch nur eine latente Unzufriedenheit oder vages Unbehagen mit meiner Situation verspüre oder nur weiss, was ich nicht mehr will im Leben?

Lassen Sie die Gedanken fliessen! Schreiben Sie einmal ohne Hemmungen alle Wünsche oder Ziele auf, die Ihnen in den Sinn kommen! Was möchten Sie haben, was wollten Sie schon immer machen? Bewerten Sie nicht und lassen Sie auch „unschöne" Überlegungen wie „Was neide ich anderen?" oder „Wo verdienen Leute viel Geld?" zu.

Nehmen Sie mithilfe des Lebensrades (dem Sie natürlich eigene Kategorien zuordnen können) eine Standortbestimmung vor. Überlegen Sie zu jeder Kategorie, wo Sie heute in diesem Bereich stehen und wie zufrieden Sie damit sind. Wie fühlen Sie sich in dieser Situation? Was fehlt Ihnen, wo ist das Gleichgewicht gestört? Was wollen Sie anders haben? Wie wollen Sie es stattdessen haben?

Und was passiert, wenn ich ein Ziel erreiche, was wird sich dann in meinem Leben und Umfeld verändern? Muss ich gewisse Dinge loslassen oder aufgeben? Die Befriedigung kurzfristiger Bedürfnisse zugunsten späterer positiver Auswirkungen meines Handelns zurückstellen? Bei der Marshmallow-Studie[xli] geht es um Belohnungsaufschub und Impulskontrolle bei Kindern und wie sich diese auf die spätere Entwicklung auswirken. Damit warten, ein Stück der Süssigkeit sofort zu verspeisen um dafür später zwei Stück zu erhalten? Und wie lange die Tortur aushalten? Das Experiment ist in nachgestellten Videos mit Kindern amüsant anzusehen, und auch wenn die Studie teilweise ergänzungsbedürftig ist, bleiben die grundlegenden Themen wie Selbstkontrolle natürlich auch bei Erwachsenen aktuell und interessant. Dabei geht es meistens um andere Dinge als zuckrige Süssigkeiten - es sei denn, wir wollen abnehmen - aber die Frage ist dieselbe. Jetzt auf etwas verzichten, um später dafür belohnt zu werden? In sein „Zukunfts-Ich" investieren? Sind wir dafür bereit und wie lange wollen wir wie viel dafür geben?

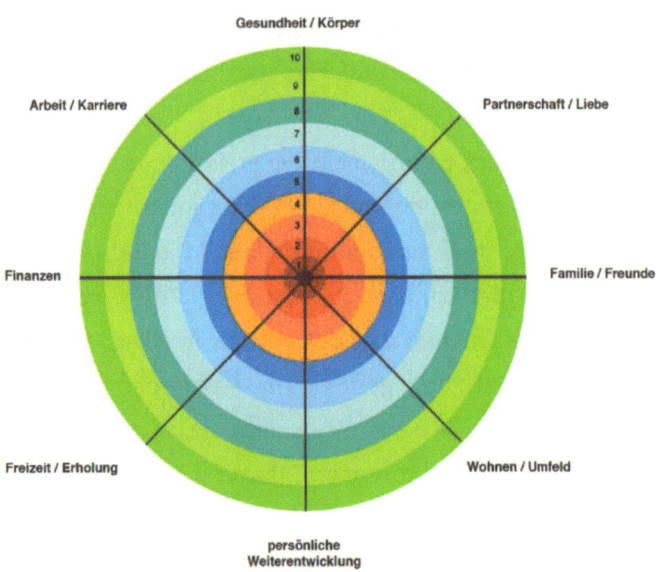

„Lebensrad" Grafik © Patricia Stutz

Fragen über Fragen! „Nahrhafte" und schwierige und unumgängliche Fragen! Eine solche erste innerliche Standortbestimmung lässt sich am besten während des Aufräumens vornehmen. (Das konnte ich mir nicht verkneifen.) Im weiteren Verlauf rate ich allerdings dazu, Ziele und die nötigen Schritte dazu schriftlich festzuhalten. Es hat eine andere Qualität, ein Ziel aufzuschreiben, als es sich nur innerlich zu setzen!

Und wie fühlt es sich an, wenn Sie sich Ihr Ziel vergegenwärtigen? Was passiert in Ihrem Körper, wenn Sie es sich mit allen Sinnen vorstellen? Wie ist Ihre Atmung, Ihre Muskelspannung? Freuen Sie sich richtig darauf, Ihr Ziel in eine Handlung umzusetzen? Falls ja, super, machen Sie sich einen Aktionsplan und legen Sie los! Falls nicht, nochmals zurück zu den grundlegenden Fragen: Ist das **wirklich** Ihr Ziel und ist es wirklich **Ihr** Ziel?

Diese Gedanken können als erste Anregungen dienen. Natürlich ist es sinnvoll, wenn Sie bei einem solchen Prozess eine Ansprechperson haben, mit der Sie sich austauschen können!

Zusammengefasst ist es für mich hilfreich, die folgenden Leitplanken und Erinnerungen vor Augen zu haben, wenn ich mir ein Ziel setze:

- Realistische Ziele setzen (dürfen ambitioniert, müssen aber erreichbar sein)

- Inspirierende, positive Ziele setzen (Es reicht nicht, zu wissen, was ich nicht mehr will, die wichtige Frage ist, was ich stattdessen will.)

- Spezifische Ziele setzen (Wann? / Wo? / Mit wem? / Wie oft?)

- Strategie planen (Wie kann ich verhindern, dass bei Stress der „primitivere", impulsive Teil des Gehirns die Kontrolle übernimmt, ist dabei auch eine wichtige Überlegung.)

- Kleine Schritte machen

- Unterstützung suchen und annehmen

- Rückschläge sind Lernerfahrungen und auch Umwege sind Wege (zum Ziel)!

„Die Tat unterscheidet das Ziel vom Traum."

Love it, change it or leave it.
(Entweder liebt/akzeptiert man eine Situation, verändert sie oder man verlässt sie.)

7. ZU GUTER LETZT

Am Tag meines fünfzigsten Geburtstages genossen mein Mann und ich ein feines Mittagessen auf „unserem" Hausberg. Obwohl es gegen Mitte November ging, war das Wetter erstaunlich milde und die Sonne schien bilderbuchhaft auf uns herab. Es trübte buchstäblich kein Wölkchen den blauen Himmel und wir genossen unser Zusammensein und die wunderbar friedliche Stimmung in vollen Zügen. Froh und dankbar war mir bewusst, wie gut es mir geht und wie schön wir es zusammen haben. Ich freute mich von Herzen auf die noch bevorstehende Feier und möglichen Überraschungen. Als wir dann aufbrachen, bemerkte ich, dass nun eine einzelne Wolke am Himmel stand. Die besagte und auf der Titelseite abgebildete Federwolke. Dieses Bild fand ich ganz speziell und schön - es illustrierte die Heiterkeit und Zufriedenheit dieses besonderen Tages so gut, dass ich als Erinnerung ein Foto davon machte. Ein aussergewöhnliches Bild und ein gutes Omen, dachte ich bei mir, obwohl mir Wetterkundige richtigerweise widersprochen hätten. Als ich das Foto dann später auf Facebook teilte, hinterliess eine Kollegin den etwas geheimnisvollen Kommentar, dass es eine besondere Bedeutung habe, wenn einem eine weisse Feder begegne, in welcher Form auch immer.

Foto Federwolke © Patricia Stutz

Nun ist mir schon klar, dass ich nicht die einzige Person bin, die jemals eine schöne Federwolke gesehen hat, und in der Zwischenzeit weiss ich, wie sich diese meteorologisch erklären lassen. Ich kann mich aber nicht erinnern, zuvor jemals bewusst eine solche gesehen zu haben, und halte die auf dem Bild festgehaltene zudem für besonders formvollendet. Auch wenn es nur ein passender Zufall war, dass ich genau an diesem Tag dieses harmonische Wolkenbild wahrgenommen habe, stimmt mich insgeheim der Gedanke, dass es vielleicht eine besondere Botschaft gewesen sein könnte, heiter und zuversichtlich! Ein

Wink des Himmels sozusagen, mit verschiedenen Interpretationsmöglichkeiten.

Ich finde es völlig in Ordnung, sich auch mal emotional-irrational auszuleben und auf Gelassenheit zu pfeifen. Stürmische Gefühle zuzulassen und auszudrücken und nicht immer stoisch-vernünftig zu sein! Als Gedankenspiel gar die Existenz von beschützenden Engelswesen in Betracht zu ziehen oder einen „Glücksstein" auf sich zu tragen. Alles in gutem Masse natürlich, vor allem bewusst und im stimmigen Gleichgewicht! Kontraste zu schätzen, Ambivalenz zu akzeptieren, Ungewissheit anzunehmen - und die Schönheit und Fülle des Lebens zu geniessen.

Das Bild der Federwolke dient mir jetzt als Symbol und Logo auf meiner Webseite und für Kursausschreibungen und illustriert für mich Freude, Liebe, Heiterkeit, Leichtigkeit und Gelassenheit und erinnert mich daran, kostbare Momente im Alltag zu geniessen!

„In der Ruhe liegt die Kraft."

ANHANG

Anregungen und Vorschläge für Imaginationsübungen:
Ich empfehle, diese mit einem Coach durchzuführen, und erachte es ebenfalls als sinnvoll, das Autogene Training und andere Entspannungsmethoden unter fachgerechter Anleitung zu erlernen!

Chronische Schmerzen[xlii]

Bitte beachten Sie, dass dies keine allgemein gültige Anleitung ist und ich nur davon berichte, was mir selber guttut. Zudem gehe ich dabei von chronischen, medizinisch abgeklärten Schmerzen und einem multimodalen Behandlungskonzept aus!

Nach dem üblichen Einstieg (Atem, Präsenz) horche ich in mich hinein und beobachte, ob spontan ein Bild zum Schmerz auftaucht. Das kann sowohl etwas Abstraktes als auch eine Landschafts- oder andere Szene sein. Ich lasse den Schmerz zu und nehme bewusst wahr, wie er sich anfühlt und in welcher Form und Farbe er sich äussert. Vielleicht kann ich der Empfindung einen Klang oder die Temperatur zuordnen. In Gedanken verändere ich dieses Bild (oder die Form und Farbe des Schmerzes) dann so, dass es für mich angenehmer und leichter wird, oder setze ganz praktische mentale Hilfsmittel ein.

Beispiel: Ich habe häufig Beschwerden und Verspannungen im Schulter-Nackenbereich und einen spezifischen Schmerz unter dem rechten Schulterblatt, der sich klemmend-spitz und brennend-rot anfühlt. Als ob da etwas zu eng wäre. In Gedanken umhülle ich die scharfzackigen Ränder des Schulterblattes grosszügig mit einer kühlenden, gelartig weichen hellrosa Substanz und schaffe mir so Raum und Linderung. Das Brennen kühlt sich ab und ich kann mich entspannen. Das wirkt sich wiederum positiv auf die Nackenmuskulatur aus. Ich konzentriere mich zudem immer wieder auf den Atem und lenke bewusst Leichtigkeit, Helligkeit, Entspannung oder Wärme/Kälte (was gerade nötig ist) zu den betroffenen schmerzenden

Stellen. Bevor ich die Übung beende, nehme ich mit einem kleinen Bodyscan andere Körperregionen wahr (die schmerzfrei sind).

Wenn Sie eine solche Übung mit einem Coach machen und über das Vorstellungsbild Ihres Schmerzes sprechen, gewinnen Sie möglicherweise neue persönliche Erkenntnisse, die Ihnen helfen, mit der Schmerzsituation leichter umzugehen.

Wichtig! Lassen Sie akute oder neu auftretende Schmerzen immer medizinisch abklären!

Wohlfühlort

Nach dem üblichen Einstieg (Atem, Präsenz) stelle ich mir einen Ort vor, an dem ich mich vollkommen wohl und sicher fühle. Das kann ein Ort in der Fantasie sein oder ein lauschiges Plätzchen, das real existiert. Auf einem Berg, in einem idyllischen Garten, am Wasser oder auch in einem angenehmen, geschützten Raum oder Haus.

Fotos © Patricia Stutz

Ein Ort der Ruhe und der Kraft. Gedanklich kann ich diesen Ort jederzeit so gestalten und verändern, wie es für mich stimmt. Ich nehme meinen Atem wahr und geniesse diesen Ort mit allen Sinnen - Farben, Geräusche, Temperatur, Düfte. Ich erlebe dieses wohltuende Gefühl in dem sicheren Wissen, dass mir dieser friedliche, innere Ort jederzeit zur Verfügung steht! Ich lasse das Bild wirken, bevor ich die Übung wie üblich beende oder mit einem anderen Teil weitermache.

Tipp! Sie können einen positiven Gemütszustand mental abspeichern, indem Sie ihn mit einer Handlung verknüpfen, zum Beispiel einer unauffälligen Handbewegung oder Berührung. Auch ein Bild oder bestimmtes Wort kann sich eignen. Eine weitere Möglichkeit besteht darin, einen kleinen Gegenstand, der Sie an Ihren entspannten Zustand, eine gute Empfindung oder einen wichtigen Gedanken erinnert, an einem günstigen Ort zu platzieren oder auf sich zu tragen. Mit einem solchen Anker können Sie das Gefühl einfacher abrufen, wenn Sie es brauchen. Und mit ein bisschen Übung lösen diese Erinnerungshilfen alleine schon die Entspannung aus! Es ist auf der einen Seite wichtig, immer denselben Anker zu benutzen, um eine automatische Reaktion zu erzielen. Andererseits kann es eventuell nötig sein, ihn nach einiger Zeit zu wechseln. Vor allem wenn es sich um einen Gegenstand auf dem Schreibtisch oder etwas Ähnliches handelt und Sie sich so daran gewöhnt haben, dass Sie ihn nicht mehr bewusst wahrnehmen.

Energiedusche

Nach dem üblichen Einstieg (Atem, Präsenz) stelle ich mir eine Art Dusche vor. Es kann sowohl eine Vorrichtung drinnen als auch draussen sein, eine Wellness-Dusche, die Dusche zu Hause, an einem Strand, was immer für Sie passt. An dieser Dusche befinden sich mehrere Knöpfe; einer davon ist der „Reinigungsknopf". Wenn ich diesen in Gedanken drücke, kann ich alles von mir abwaschen, was mir nicht guttut! Ich stelle mir vor, wie die reinigende Flüssigkeit über mich hinweg und durch meinen ganzen Körper hindurch strömt und wie alles wegfliesst, was ich nicht mehr brauche. Mit den anderen Knöpfen lasse ich nach Belieben aktivierende (oder auch heilende, schützende) Energie, Ruhe, oder was ich gerade brauche, auf mich herabströmen.

Häufig stelle ich mir diese Energie als angenehmes Licht vor und fülle mich mental damit auf, bis sich so etwas wie eine Schutzschicht um mich herum bildet.

Ich lasse das Bild wirken, bevor ich die Übung wie üblich beende oder mit einem anderen Teil weitermache.

Auge des Sturms[xliii]

Nach dem üblichen Einstieg (Atem, Präsenz) stelle ich mir folgendes Bild vor: Im stürmischen und heftigen Wind eines Hurrikans befindet sich das Auge, das Zentrum des Hurrikans. Dort ist es total still, es sind keine Turbulenzen zu spüren. Ich stelle mir die tosenden Winde vor und im Gegensatz dazu den inneren Kern, der total friedlich und ruhig ist! Ich versuche dabei, so ruhig zu werden wie das Zentrum. Die aktuellen Umstände, Gedanken und Empfindungen lassen sich mit den stürmischen Winden vergleichen; der Kern, das Zentrum nehmen aber nicht mehr daran teil. Ich bin sozusagen das ruhige Zentrum inmitten des tobenden Sturmes. Der Teil, der friedlich und stabil ist, trotz allem, was um mich herum geschieht. Der Sturm, die Dinge, die mich beschäftigen, bewegen und verändern sich ständig, ich aber beobachte nur und nehme nicht daran teil. Das Zentrum ist immer sicher, selbst der wildeste

Sturm kann ihm nichts anhaben und es ist immer da, auch wenn der Wind gerade sehr laut heult.

Ich lasse das Bild wirken, bevor ich die Übung wie üblich beende oder mit einem anderen Teil weitermache.
Falls das Bild mit dem Sturm Sie nicht anspricht, finden Sie eine andere Metapher und entwickeln Sie - wie auch bei den anderen Übungen - ihre eigenen Versionen!

Bildnachweis:

Pixabay https://pixabay.com/de/

„Männchen-Bilder" von Peggy und Marco Lachmann-Anke, Pixabay https://pixabay.com/de/

Quellen / Literaturhinweise:

„The How of Happiness: A new (scientific) approach to getting the life that you want" von Sonja Lyubomirsky, Ph.D.

„Selbstheilung stärken - wie Sie durch Vorstellungskraft Ihre Selbstheilung optimieren" von Gary Bruno Schmid

„Radical Remission - Surviving Cancer against all Odds" von Kelly A. Turner, Ph.D.

„Der Zufall, das Universum und Du - Die Wissenschaft des Glücks" von Florian Aigner, Physiker

„Das Geheimnis der psychischen Widerstandskraft - Was uns stark macht gegen Stress, Depressionen und Burnout" von Christina Berndt

„The Stress-Proof Brain: Master your emotional response to stress using mindfulness & neuroplasticity" von Melanie Greenberg, Ph.D.

„Irrt die Physik? Über alternative Medizin und Esoterik" von Martin Lambeck

„Die Macht der guten Gefühle: Wie eine positive Haltung Ihr Leben dauerhaft verändert" von Barbara L. Fredrickson.

Fuss-/Endnoten:

---

[i] Aus „Hamlet" von W. Shakespeare.

[ii] https://www.multiplesklerose.ch/de/ueber-ms/

[iii] Eine allgemein anerkannte Definition von „Esoterik" gibt es weder im populären noch im wissenschaftlichen Sprachgebrauch.
https://de.wikipedia.org/wiki/Esoterik
https://www.zeit.de/kultur/2020-01/esoterik-reki-energie-coaches-aberglaube-philosophie/komplettansicht
„Irrt die Physik? Über alternative Medizin und Esoterik" von Martin Lambeck.

[iv] https://www.health.harvard.edu/staying-healthy/understanding-the-stress-response

[v] https://www.sciencedirect.com/science/article/abs/pii/S1074742711000517
http://europepmc.org/backend/ptpmcrender.fcgi?accid=PMC4465119&blobtype=pdf
https://www.ncbi.nlm.nih.gov/pmc/articles/PMC4349387/
https://gesundheitsfoerderung.ch/betriebliches-gesundheitsmanagement/studien-wirkung-bgm/job-stress.html

[vi] https://www.schmerzgesellschaft.de/topnavi/patienteninformationen/herausforderung-schmerz/schmerz-und-psyche

[vii] https://www.health.harvard.edu/mind-and-mood/protect-your-brain-from-stress

[viii] Stangl, W. (2020). Stichwort: Neuroplastizität. Online Lexikon für Psychologie und Pädagogik.
www: https://lexikon.stangl.eu/1166/neuroplastizitaet/

[ix] https://www.schmerzgesellschaft.de/topnavi/patienteninformationen/psychologische-schmerzbehandlung/entspannungstherapie

[x] https://www.ugb.de/gesundheitsfoerderung/psychoneuroimmunologie/druckansicht.pdf

[xi] Bild von Sandro del Prete mit Genehmigung.
https://www.sandrodelprete.com

[xii] Reframing: Geht zurück auf Virginia Satir, Familientherapeutin, wobei viele andere Wissenschaftler wie Milton H. Erickson zur Weiterentwicklung beigetragen haben und die Technik in verschiedene Methoden Eingang gefunden hat, z.B. auch in der systemisch-lösungsorientierten Kurzzeittherapie der Psychotherapeuten Steve de Shazer und Insoo Kim Berg.

[xiii] https://www.psychologytoday.com/us/blog/what-mentally-strong-people-dont-do/201502/why-thinking-positive-thoughts-wont-get-you-what-you

[xiv] https://www.cambridge.org/core/journals/development-and-psychopathology/article/risk-resilience-and-recovery-perspectives-from-the-kauai-longitudinal-study/DC3C3F10587A1A7D04C0310270717B3E

[xv] „The How of Happiness: A new (scientific) approach to getting the life you want" von Sonja Lyubomirsky, Ph.D.

[xvi] „Selbstheilung stärken - wie Sie durch Vorstellungskraft Ihre Selbstheilung optimieren" von Gary Bruno Schmid.

[xvii] https://www.karger.com/Article/Pdf/326060

[xviii] Der Schriftsteller und Germanist Peter von Matt in einem Interview mit der NZZ am Sonntag.

[xix] „Radical Remission / Surviving Cancer against all Odds" von Kelly A. Turner, Ph.D.

[xx] „Der Zufall, das Universum und Du: Die Wissenschaft des Glücks" von Florian Aigner, Physiker.

[xxi] Nach Jon Kabat-Zinn.

[xxii] Meditation von lateinisch meditatio (= nachdenken, nachsinnen, überlegen, Mitte finden).

[xxiii] Nach Johannes Heinrich Schultz.

[xxiv] https://www.apa.org/research/action/head
https://wa.kaiserpermanente.org/kbase/topic.jhtml?docId=uz2270
https://www.verywellmind.com/use-guided-imagery-for-relaxation-3144606

Psychodynamisch Imaginative Traumatherapie von Louise Redemann

[xxv] https://psycnet.apa.org/record/2003-02410-012

https://www.apa.org/topics/mindfulness-meditation

[xxvi] https://www.health.harvard.edu/healthbeat/giving-thanks-can-make-you-happier

[xxvii] „Die Macht der guten Gefühle: Wie eine positive Haltung Ihr Leben dauerhaft verändert" von Barbara L. Fredrickson.

[xxviii] „The How of Happiness: A new (scientific) approach to getting the life you want" von Sonja Lyubomirsky, Ph.D.

[xxix] https://lexikon.stangl.eu/25259/gesichtsfeedback-hypothese/

[xxx] https://www.nature.com/articles/s41598-020-69773-7

[xxxi] Des Sozialpsychologen Fritz Strack.

https://www.psychologie-heute.de/leben/39982-laecheln-macht-doch-froehlich.html

[xxxii] https://journals.sagepub.com/eprint/Czb-NAn7Ch6ZZirK9yMGH/full

[xxxiii] https://www.impulse.de/management/selbstmanagement-er-folg/power-pose/7456525.html?conversion=ads

[xxxiv] http://citeseerx.ist.psu.edu/viewdoc/download?doi=10.1.1.64.2655&rep=rep1&type=pdf

[xxxv] https://www.zhaw.ch/de/psychologie/dienstleistung/sportpsychologie-mentaltraining/mentaltraining-laufsport/bitte-laecheln/

[xxxvi] https://www.ncbi.nlm.nih.gov/pmc/articles/PMC7347187/#pone.0235851.ref008

[xxxvii] https://www.welt.de/wissenschaft/article1461487/Warum-Singen-gesund-ist.html

https://www.aerztezeitung.de/Panorama/Psychologen-singen-gegen-den-eigenen-Stress-an-231518.html

https://www.nachrichten.at/meine-welt/gesundheit/Singen-wirkt-gegen-Angst-Stress-und-Liebeskummer;art114,879430 [xxxviii] Wolfgang Bossinger: „Die heilsame Kraft des Singens. Von den Ursprüngen bis zu modernen Erkenntnissen über die soziale und gesundheitsfördernde Wirkung von Gesang. " Traumzeit-Verlag, Battweiler, 2006.

[xxxix] „The Life-Changing Magic of Tidying: A simple, effective way to banish clutter forever" von Marie Kondo.

[xl] https://www.manager-magazin.de/politik/deutschland/bundestags-wahl-2017-angela-merkel-im-koerpersprache-check-a-1168694.html

[xli] https://lexikon.stangl.eu/3697/marshmallow-test/
https://pdfs.seman-ticscholar.org/2934/6b98f0947a822b8744f4792bcf1a297f01d3.pdf?_ga=2.210573783.375214255.1607589430-1825829486.1607589430

[xlii] https://www.schmerzgesellschaft.de

[xliii] Achtsamkeitsmeditation „Eye of the Hurrican", inspiriert von den Autoren Hugo Alberts (PhD) (https://www.researchgate.net/profile/Hugo_Alberts) und Lucinda Poole (PsyD) (https://www.linkedin.com/in/lucinda-poole-24a122121/).

Zeitfracht Medien GmbH
Ferdinand-Jühlke-Straße 7
99095 Erfurt, Deutschland
produktsicherheit@kolibri360.de